JN174708

ナースのための
ヘルスケアMBA

羽田明浩［著］

創成社

はじめに PREFACE

この本のタイトルにあるヘルスケアMBAとは，大学院の修士課程において医療福祉に関する経営管理者などの養成を目指すものである。MBA（マスターオブアドミニストレーション）とは経営学修士のことであり，大学院の修士課程を修了した方へ授与される学位のことである。筆者が勤務する国際医療福祉大学大学院医療福祉経営管理研究科の医療経営管理コースを修了した方には，修士（医療ビジネス経営学）の学位が授与される。

本書は大学院ビジネススクールのMBAコースの基本的な授業科目である経営戦略論，ファイナンス論，財務管理論，組織論，マーケティング論とケースメソッドについて基本的な説明をしたのちに，主に病院を中心としたヘルスケア組織においてそれらの理論を置き換えた説明をしている。さらにできるだけ事例を取り入れることで読者にとってわかりやすい内容であることを心がけた。

そのため本書が想定する読者層は，タイトルの通り医療機関に勤務する看護師をはじめとするヘルスケアスタッフのほか，医療系大学院の大学院生，医療系大学の学部生，さらに医療経営に関心のある方を対象にしている。

現在，2025年問題を迎えるヘルスケア業界の経営は大きなパラダイムシフトともいえる「病院から地域」への転換期を迎えている。これまでは病院をはじめとするヘルスケア施設単独での経営が中心であったが，これからの地域包括ケアシステムの前提となる「病院から地域」への転換はほかのヘルスケア施設との連携の上でヘルスケア施設を運営することが求められる。このような時期にあってはヘルスケアスタッフもヘルスケア施設経営の方向性を大きく左右する局面を迎える機会がこれまで以上に増えてくるものと予想される。

このようなヘルスケア施設経営への関与機会が増え，かつその影響の大きなナースをはじめとするヘルスケアスタッフにとって，勤務先ヘルスケア施設経営にかかわるマネジメント理論を学ぶことが必要になってきている。これらを背景としてか，筆者が教員として勤務する国際医療福祉大学大学院のヘルスケアMBAコースには毎年多くのヘルスケアスタッフが入学してくる。一学年の定員25人のうち約半数近くはナースであるが，その他の薬剤師，臨床工学技士，診療放射線技師ほか，医師も複数名が入学する。また事務職などヘルスケアスタッフをサポートする方々の入学も近年増加している。

入学面接の際にヘルスケアスタッフの方に進学動機を尋ねたところ，それらの回答は次のようなものが多かった。

マネジメントに係る機会が増えるのでマネジメント理論を学びたい。
現在の仕事を，理論を学ぶことなく続けているが理論背景を学びたい。
マネジメント層への説得のための理論背景を学びたい。
将来独立開業を視野に入れているのでマネジメント理論を学びたい。

このように，研究のために大学院に入学するよりも，現在あるいは将来の実務に役立たせるためにマネジメント理論を学びたい方が大半である。

では，ヘルスケアMBAを学ぶことはヘルスケアスタッフにどのように役立つのであろうか？

筆者の勤務する国際医療福祉大学大学院医療経営管理分野責任者の武藤正樹教授は，ヘルスケアMBAをキャリアに活かすことについて次のように述べている。

「ナースとして十分に経験を積んでいる方が看護キャリアの上に立ってMBAコースで経営学の知識を学ぶことで，日常の看護職の仕事の中から，それまで見えなかった経営課題を発見しそれに立ち向かうための解決手段の手がかりを得ることができる。このことが，ヘルスケアMBAで学ぶことの最大のメリットである。このような現実に直面する課題は他職種や経営層とのさまざまな利害が絡み一筋縄でいかない。そこでこれらの利害関係者に納得してもらい課題を解決するためには，裏付けとなるデータや情報を収集し，それらを基に論理的に説明するスキルが必要になる。」武藤教授はナースを前提に述べているがヘルスケアスタッフ全般についていえることであると思料する。このようにヘルスケアMBA理論を学ぶことで他者を説得する理論の構築やデータの作成などのスキルを向上させることができるとしている。

本書を執筆するに当たり，国際医療福祉大学大学院医療経営管理分野長の武藤正樹教授には，企画の段階からさまざまなご意見をいただいた。また，医療経営管理コース修士課程のゼミ生の方からは，タイトルも含めて企画案についての意見をいただいた。そして国際医療福祉大学教職員の方々からさまざまなご厚情をいただいたことに深謝の意を表する。

最後に，本書の執筆機会を与えてくださった株式会社創成社社長の塚田尚寛さまならびに西田徹さまに感謝申し上げる。

2017年2月

羽田明浩

目　次　CONTENTS

第１章
ヘルスケア機関の特徴

1　ヘルスケア機関経営の特色

(1) 規制業種であるヘルスケア業界

ヘルスケア業界における医療機関の経営は典型的な規制業種に属している。わが国の医療経営における規制には経済的規制と社会的規制があり（真野，2006），具体的には次のようなものである。

経済的規制

参入を制限して独占を認めるかわりに料金を定めたりする需給調整規制を指し，医療保険に公定価格が定められていることが相当する。

・診療の対価として支払われる診療報酬額は公定価格であり，全国一律でどこでどのような診療を受けても病院間の価格差が無い。
・病院経営は非営利とされており営利企業は参入出来ない。
・医療法人の出資持ち分は配当禁止であること。

社会的規制

消費者等の安全・健康の確保，環境保全を目的として，商品の質に一定の基準を設定し制限を加えるなどの規制を指し，病院の人員配置基準が相当する。

・医療法人の理事長職は原則医師である。
・二次医療圏毎に基準病床数が定められておりそれを上回る病院の増床が不可である。
・病院の医師・看護師等医療職は免許制度による資格要件がある。

なぜこのような規制が設けられているのかの理論的な説明を以下で述べる。ヘルスケア施設経営のさまざまな規制について，遠藤（2007）は，医療サービスには，「不確実性」「情報の非対称性」「外部性」によって「市場の失敗」が存在することに起因すると述べている。

医療サービスの「不確実性」には，いつ病気にかかるかの予測の困難性と，治療にいくら費用がかかるかの予測の困難性がある。

医療サービスの「情報の非対象」は，医師と患者の医学的知識の格差に起因する。そして医療サービスの「外部性」は，感染症予防や治療によって疾病が蔓延しないことよって周囲の経済主体に便益を与えると理論的に説明されている。

わが国のヘルスケア施設である病院経営は規制業種に属しながら，一方では市場競争にさらされており，日本の病院の個別の業績を見ると，黒字病院と赤字病院に分かれている。

そして，わが国のヘルスケア施設経営は次のような特徴を有している。

ヘルスケア業界は，このように規制業種にありながら市場競争にさらされているという矛盾を有する業界特性があるため，一般企業を対象とする経営学にはなじまない点が多い。このことが本書を著した理由の一つにある。

- 社会的規制や経済的規制の存在がヘルスケア施設経営に制約を及ぼしているものの，経営の失敗による損失までは補填されない。
- 十分な設備投資による医療サービスの質と安全を維持・向上するため，財政基盤の確立が求められており，赤字経営を続けることは，医療サービスの低下を招き，結果として地域医療に対して負担をもたらすことになる。
- 様々な規制が存在するものの，ヘルスケア施設経営に必要な経営資源は，自由な市場取引を通して確保されるため，魅力的なヘルスケア施設には経営資源が集まり，魅力に乏しい施設からは経営資源が流出する。

2　わが国の病院の歴史

(1) 近代以前の歴史

一条（1982）はわが国の病院の歴史を欧米との対比において以下のように述べている。

欧米の病院の起源は古代ギリシャの医神エスピキラキウスを祭った神殿にあり，そこは病気の原因や治療法を知るために神託を聞く場所であると同時に各地から巡礼者が集まり，病気の知識や経験を得ることのできる場所であった。そこで神の救いを求め，治療をうけるため神殿に集まってきた患者を収容する場所として病院が発生したといわれている。

病院は英語で hospital（ホスピタル）といい，独語で Krankenhaus（クランケンハウス）という。この Krankenhaus は，クランケつまり患者の家という意味であり，hospital はホテル・ホスピタルなどの同一語源であり，hospitality（ホスピタリティ）は旅行者やお客を親切にもてなすことで，患者を収容してお世話をするところという意味である。

その後，教会や修道院が，孤独で貧弱な病人を収容する付属施設を持つようになり，衣食を与え，修道尼が献身的に患者の看護に従事していた。当時の病院は病人の生活の場であり医師はおらず，医師は求めによって来院して患者を診察していた。その後のルネサンス以降の国力の伸張や，市民社会の発展に伴い，宗教活動でない慈善病院や国公立の病院が数多く設立されるようになった。

近世後期になると医学特に外科学の進歩は顕著であり，滅菌法や麻酔法，検査法が相次いで開発されていった。病院はそうした診療を実施する場所として衛生的環境をつくり，専門施設・設備をととのえるようになり，進歩した医療を実践する場所として成長していき，従来の貧民を対象とした療養施設から近代病院へと脱皮していった。

この発達の過程からも明らかなように，病院は患者の生活の場所であり，看護婦は患者の療養生活を助ける人たちであるというのが基本的な性格である。

そのため牧師・修道尼が病院長に就任しており，医師が院長をつとめている病院は少ないとしている。

一方，わが国の病院の歴史をたどると，その起源は聖徳太子が大阪の四天王寺に難民救済のために開いた療養院，悲田院，施薬院，敬田院のうちの療養院（593年）であろうといわれている。この施設は身寄りのない病人を収容した施設である。その後は仏教とともに導入された唐医方（漢方医学）によって，僧医が民間医療に当たり，温泉を開いたりした。漢方医であるから手術もなく在宅で投薬と家族看護ですんだわけである。

蘭学とともに西洋医学が導入され，手術も行われるようになり，各地に医学校がつくられたが，病院にまで発達することはなかった。八代将軍徳川吉宗が窮民のために建てた小石川療養所（1722年）や，オランダ軍医ポンペの努力で長崎に建てられた洋式の施設がはじめての病院といわれている程度であった。

病院という言葉は，明治元年に初めてつけられたもので，それ以前は養生所または療養所という言葉が用いられていた。中国では病院のことを医院と呼び，わが国でも医院と呼んでいたが，明治維新後，欧米式病院が導入された際に病院という言葉がつくられ，医院は患者を入院させない診療所を意味するようになった。医院とは医者の家ということである。欧米の患者の家や患者を収容してお世話をする場所との違いは，病院の成立の沿革をみると明らかである。

(2) 明治期以降の病院の歴史

医制八十年史（1955）によれば，わが国の近代医学による病院は文久元年（1861年）長崎に設立された養生所が創始とされている。

明治維新後，病院は漸増し明治元年（1868年）に新政府により傷病者の収容治療のため京都に御親兵病院および横浜に仮軍事病院が設立された。横浜の仮軍事病院は東京下谷に移され大病院となり，先に再興された旧幕府の医学所がこれに附属することになったが，翌明治2年（1869年）に医学校兼病院と改められ，やがて医学校が大学東校に改称され，病院は附属施設として運営されることになった。

また地方にあっては，佐賀，福井，金沢等諸藩が相次いで病院を開設した。廃藩置県後は府県行政の発達に伴い公立病院も漸増し 1877 年には病院のない府県はほとんどなくなり，1877 年の病院数は官立 7 病院，公立 64 病院，私立 35 病院，総計 106 病院となった。

明治政府により，公立病院を中心に進められた病院整備施策は松方財政（1881 年）のもとで転換期を迎えることになった。デフレ政策と富国強兵政策により軍事・産業が優先されるなかで，衛生費は削減され府県による公立病院の経営や公立医学校の運営は禁止され，その後病院は私立病院を中心に発展するようになった（新村，2006）。

ヨーロッパ諸国では，病院は貧困者を対象とする国公立病院や宗教系の慈善病院を中心に生成発展してきたという沿革的な理由から公立病院が中心であるが，日本の病院は医療法人立などの民間病院が中心になっている。これは医制制定（1874 年）以来，自由開業制が採られてきたこと，都市部の中小病院の多くは開業医の診療所が大きくなったという沿革から，民間病院は 1985 年の医療法改正により病床規制の網がかぶせられるまで増加の一途を辿った（島崎，2009）。

わが国の医療制度を定める法規として医制が 1874 年に公布されている。全 76 条から成る医制は衛生行政機構，西洋医学に基づく医学教育と医師開業免許制度，医薬分業などの医療・衛生行政に関する幅広い事項が含まれおり，医師は何科であろうと，どこであろうと，自由に診療所や病院を開業することができる自由開業制は，この時以来のものである。

戦後のわが国の医療提供体制は医療法によって定められている。医療法は，医療を提供する体制の確保を図り，国民の健康の保持に寄与することを目的として制定されており，営利を目的として病院，診療所等を開設することを否定している。そのため営利法人による医業経営は認められず，医療法人において営利性は否定されており，この考えに基づき剰余金の配当禁止が明確に法律に規定されている（厚生省健康政策局，1990）。

医療法によれば，病院の開設には都道府県知事の許可が必要であり，病院の開設者は医師でなければならない。また，医師・看護師他医療従事者の必要人数も定められており，病院の各施設の広さなども決められている。さらに数年毎の医療監視によって経営内容はモニタリングされている。1985年の第一次医療法改正は，都道府県に地域医療計画の策定を義務付け，二次医療圏毎に必要病床数を定めた。病床過剰地域では，都道府県知事が開設・増床の中止を勧告できるという病床規制の導入が図られ，参入規制が導入されるようになっている（島崎，2011）。

3　ヘルスケア機関の特徴

（1）規制業種としてのヘルスケア施設の特色

一般企業経営は，最適な経営資源を配分して組織目標の遂行に向けた活動を行う。

他方で規制業種であるヘルスケア施設には一般事業会社と異なる各種の規制があり，それが経営上の制約となり，最適な資源配分が制限されている。

医療を取り巻くさまざまな規制について，前述のように経済的規制と社会的規制が存在する。経済的規制と社会的規制が，ヘルスケア施設経営の外部環境ポジションに及ぼす影響は以下の通りである。

経済的規制のうち非営利性に関する規制の1つである剰余金の配当禁止は，営利法人の病院経営参入を不可とする病院経営への「参入障壁」を形成している。

社会的規制のうち開設・増床にかかわる規制は，病床過剰地域における病院の新設・増設を不可としているため，病院経営への「参入障壁」をもたらす。また，この規制により，病床を増やすことができないため中小病院が大規模病院に移行することができない「移動障壁」を形成することになる。

そして，経済的規制と社会的規制が，ヘルスケア施設経営の内部経営資源に及ぼす影響は以下がある。

経済的規制の中の価格設定に関する規制により，診療報酬価格を公定価格にしなければならないため，病院経営には非価格競争がもたらされ，コスト削減などの効率的な経営が必然になる。

図１－１　規制と病院経営への影響

病院経営上の規制	規制の内容	具体的な規制内容		病院経営への影響
経済的規制	価格設定に関する規制	診療報酬価格は公定価格である	➡	非価格競争による競争
	非営利性に関する規制	剰余金の配当禁止		営利法人の病院経営参入不可
社会的規制	組織運営に関する規制	必要人員と必要設備の具価		人件費削減と設備投資削減の制約
	間設・増床に関わる規制	病床過剰地域は病院新設・増設不可		参入障壁と移動障壁が共生
	専門職種別免許制度による規制	専門職による業務独占規定と名称独占規定		一般企業同様の経営管理手法は通じない

出所：羽田（2015）p.25。

社会的規制のうち組織運営に関する規制は，必要な人員と必要な設備の具備についての規制があるため，コスト削減のための人員削減や設備投資の削減に制約がかかり，マネジメント能力向上の必要につながった。

社会的規制のうち専門職種別免許制度による規制は，専門職による業務独占規定と名称独占規定により，一般企業とは異なる経営管理手法が必要となり，マネジメント能力向上の必要性をもたらすこととなった。

(2) 価格設定に関する規制

わが国の医療経営における経済的規制として，ヘルスケア施設は営業収入における約９割以上を保険収入に依存しており，ヘルスケア施設事業における大部分のサービスの価格は，診療報酬制度に基づく公定価格である診療報酬点数によって決められている。

この診療報酬点数は厚生労働大臣と厚生労働省下に設置された諮問機関である「中央社会保険医療協議会（中医協）」で決定され（健康保険法第82条），個別の病院において独自の価格設定はできない。診療報酬価格が公定価格であることは，病院経営に非価格競争をもたらし，コスト削減などの効率的な経営の必然性を招くこととなった。

地域保険ともいえる1938年の国民健康保険の導入，職域保険である職員健康保険法，船員保険法，労働者年金保険法等の社会保険制度の整備に伴い，保険医の強制指定が導入され，診療報酬は厚生労働大臣が定めた公定の診療報酬点数の単価表により，厚生労働大臣から医師に支払われる仕組みに変更された。1944年に診療報酬のあり方を関係者等が議論する場として社会保険診療報酬算定協会が設置され，現在まで続く公定価格としての診療報酬体系の基礎が確立した（印南・堀・古城 2011）。

この公定価格である診療報酬点数は2年毎に改定があり，この改定による点数配分は病院経営に多大な影響を及ぼしている。他の規制業種の鉄道事業，ガス事業，電力会社等の価格設定は規制緩和によってより市場価格が反映されるようになったが，依然として診療報酬価格は公定価格であり市場価格に移行することは考えられない。

その理由は，診療報酬は公的医療保険制度により保険償還価格を公定化していることで，患者の自己負担が軽減されていることが根底にあるからである（遠藤 2007）。

市場が効率的であれば，同一の財・サービスは同一価格になる。診療報酬価格は公定価格であることから，個々の診療行為は同じ点数であり同一価格となる。そのため例えば，研修医師の行う治療行為も，「神の手」といわれる天才外科医の行う診療行為も同じ診療行為と見なされ，同一価格となるという矛盾がある。

医療経営においては，公定価格の存在によって価格競争は発生しないため，コストの見直し等の効率的な経営を行う経営能力の差が経営成績に影響を及ぼすのである。

(3) 非営利性に関する規制

医療法人は「剰余金の配当をしてはならない（医療法第54条）」という定めは，営利法人にとって病院経営の「参入障壁」を形成していると捉えられる。尚，病院の開設主体は医療法人以外に，自治体立病院，学校法人立病院，社会福祉法人立病院，公的病院（本研究の対象の赤十字病院を含む）があるが，いずれの開設主体の法人も剰余金の配当は禁じられており，病院経営における営利法人の参入は不可となっている。

この規制は，出資者の利益配当を禁ずることで，医療現場に利潤追求圧力が及ばないために設けているとしている。その理由は，情報の非対称性の存在や，医療保険制度によって不完全な市場である医療は，利潤動機では効率的な資源配分ができず，医療の質低下や過剰医療等の非効率を生じさせる可能性があるためである（遠藤 2007）。

この非営利性について，亀川（2007）は，医療経営は出資者の利潤請求権が認められていないだけであり，多様なステークホルダーの要求を満足させねばならないことに変わりはない。その結果として魅力的な病院等には経営資源が集まり，環境に適合できない病院等からは，経営資源が流出することにつながると述べており，病院経営において非営利性を謳うことで利潤動機を否定することの誤りを指摘している。

そして，今村ほか（2006）は，わが国の医療経営には，営利を目的としないことと，十分な設備投資によって医療の質と安全を維持・向上する財政的基盤の確立が求められているとしている。このことは，一見背反するように思われるが，ここで営利を目的としないということは，出資者へ剰余金の配当がないことであり，医療の質を担保するのに必要な設備投資に備えた適正利潤の追求まで否定するものではない。それにもかかわらず，病院組織は非営利であることを誤解して，利潤動機を否定して，結果として業績が芳しくない病院組織もある。

(4) 病院の開設・増床に関する規制

病院の開設や病床数の増加が，病院の都合で自由に行うことができないことは，病院経営の外部環境に影響を及ぼしている。

島崎（2011）は，医療法の改正（1985 年）により，地域医療計画の策定が都道府県に義務付けられ，二次医療圏毎に必要病床数が定められることになり，病床過剰地域では，都道府県知事が開設・増床の中止を勧告することができるとして病床規制の導入が図られたとしている。

医療法は病院の開設・増床を次のように規制している。病院を開設する際は開設地の都道府県知事の許可を受けなければならない（医療法第7条）。そして，病院の病床数や病床の種別等を変更する際は都道府県知事の許可を受けなければならない（医療法第7条2項）。この際に都道府県が定める「医療計画」において基準病床数に既に達している場合は，病院の開設および病院の増床の認可を与えないことができる（医療法第7条の2）。

印南・堀・古城（2011）は，医療法第一次改正（1985）で医療圏の設定や地域医療計画の策定がなされたものの，それらは総合的な医療提供体制の整備というよりも病床規制を主とする新規参入規制というべきものであったと述べている。また遠藤（2007）は，病床規制は，人口当たりの病床数と1人当たりの医療費に相関が見られるため，医療費抑制の視点より病床数を抑制するものであるとし典型的な参入規制であると述べている。

地域医療計画に基づく，病床規制は，病院の開設や増床を規制するもので，病院経営に参入する際の「参入障壁」であると同時に，中小病院が大病院へ移行することを妨げる「移動障壁」となり，病院間の業績格差に影響を及ぼすものである。

(5) 病院組織の運営上の特徴

病院組織は多くの専門スタッフと事務部門によって運営されている。

病院組織の専門スタッフの特徴を先行研究者は以下のように述べている。オペレーションの主役は，専門的訓練を受け，スキルが高く自分の仕事に対して大幅な権限を委ねられているプロフェッショナル専門職であり，主体性と自立性を持ちたがるため，組織としての管理活動にも非協力的になりがちである（杉，1981；Mintzberg, 1981）。

病院組織は，「専門的組織」として，多くのプロフェッショナルな職種が複合的に合わさっており，スタッフとして専門職である医師と看護職他コメディカルスタッフが存在する（Etzioni, 1961，1964；桑田・田尾，1998）。

そして，専門職を支える事務部門について以下のように述べている。病院組織のなかで専門職などを支える事務職等のサポート組織の仕事はバラエティに富んでいるものの，多くはプロフェッショナルがやりたがらない単純なルーティン作業である（Etzioni, 1961；Mintzberg, 1981）。杉と Mintzberg が述べる，「専門職は主体性と自立性を持ちたがるため，組織としての管理活動に非協力的な特徴を有する病院組織」は今日でも多く見られる。

しかし，最近の病院組織はチーム医療の進展によって多種多部門が連携して，より良い医療サービスの提供に取り組むようになっており，管理活動に非協力的な専門職は少なくなっている。

Etzioni と Mintzberg は「専門職等を支える事務職等のサポート組織の仕事は単純なルーティン作業である」と述べているが，病院の医事業務の窓口業務や会計業務等はルーティン業務であるものの，企画部門，財務部門等の業務は単純なルーティン作業とは言い難い。

今村ほか（2006）は，病院経営の方向性をもって動かすには，企画，予算，人事が必要であり，組織が何をして将来どうするのかの方針決定（企画），資金をどのように投資回収していくか（予算），人をどのように配置するのかを考えることが必要になる。と述べ，事務職によるマネジメントの重要性を謳っている。亀川（2007）は，医療経営には，芸能界におけるタレントとマネージャーのように医療行為と経営の分離が求められていると述べている。優秀なマネージャーはタレントの能力を発揮する仕事を創造し，同様に大学においても，教授による教育と職員による経営は分離が求められているとして，事務職による経営マネジメントの重要性を謳っている。

今村ほかや亀川が述べるように，今日では，事務職による病院組織全般にかかわるマネジメントが病院経営の要諦となっている。

4　医療業界が直面する 2025 年問題

医療業界にとってパラダイムシフトとも言える 2025 年問題という外部環境の変化は，ヘルスケア施設の経営に大きな影響を及ぼすものと予想される。

2025 年問題とは，わが国のいわゆる団塊の世代（1947 年～ 1949 年生誕）がすべて 75 歳の後期高齢者となり全人口の 18％を占め，65 歳以上が全人口の

30%となることが予想される時代に生じる諸問題のことであり，社会保障の在り方も見直しが迫られている。

わが国は，2025年に超高齢化社会を迎えるため，2025年をめざした社会保障改革が進行中である。2025年の医療と介護のあるべき姿は「病院から地域へ」の転換であり，この2025年問題に向けて診療報酬や介護報酬などの報酬改定による経済誘導と医療計画等の見直しによる政策誘導が実施されている（武藤 2013）。

2025年問題に向け医療政策は大きく変革する予定であり，ヘルスケア施設を取り巻く外部環境も大きく変わることになる。この環境変化に合わせてヘルスケア施設の中にはドメイン（事業領域）の変更対応が必要になり，地域医療におけるポジショニングの見直しも必要となる他，ヘルスケア施設内の組織変更も必要になるものと予測される。

（1）2025年問題に対する政策について

2025年問題への対応について，社会保障制度改革国民会議の報告書には以下のことが医療・介護にかかわる方向性として掲げられている。

- ・「病院完結型」から，地域全体で治し，支える「地域完結型」へ。
- ・受け皿となる地域の病床や在宅医療・介護を充実。川上から川下までのネットワーク化。
- ・地域ごとに，医療，介護，予防に加え，本人の意向と生活実態に合わせて切れ目なく継続的に生活支援サービスや住まいも提供されるネットワーク。

そして，同報告書が打ち出す医療・介護の改革の内容は以下の通りである。

・医療・介護サービスの提供体制改革。
・病床の機能分化・提携，在宅医療の推進等。
・病床の機能分化と連携を進め，発症から入院，回復期（リハビリ），退院までの流れをスムーズにしていくことで早期の在宅・社会復帰を可能にする。在宅医療・介護を推進し，地域での生活の継続を支える。
・地域包括ケアシステムの構築。介護が必要になっても住み慣れた地域で暮らせるよう，介護・医療・予防・生活支援・住まいが一体的に提供される地域包括ケアシステムを構築するため，医療と介護の連携，生活支援・介護予防の基盤整備，認知症対策，地域の実情に応じた要支援者への支援の見直し，マンパワーの確保。
・国民の健康増進，疾病の予防及び早期発見等を積極的に促進する必要。

このように，これまでの医療が病院を中心として診療と治療を担っていたのに対して，2025 年問題に対応する社会保障制度の改革は，疾病予防や早期発見に向けた取り組み，利用者の住み慣れた地域において地域全体で患者を直し支える仕組み，川上から川下まで切れ目なく治療を行うネットワーク化，在宅療養の推進などを謳っており，これまで以上に医療と介護の連携強化を図る予定である。

これら社会保障制度の改革は，高まる国民医療費の抑制を図るものであるが，同時に利用者の利便性を追求したものでもある。

参考文献

Etzioni, A.（1961）A Comparative Analysis of Complex Organizations, The Free Press of Glencoe, Inc.（綿貫譲治訳（1966）『組織の社会学的分析』培風館）.

Mintzberg, H.（1981）“Organization Design：Fashion or Fit?,” Harvard Business Review, January-February.（「組織設計流行を追うか適合性を選ぶか」『DIAMOND ハーバード・ビジネス』1981 年 6 月号）.

一条勝夫（1982）『日本の病院』日本評論社.

今村知明・康永秀生・井出博生（2006）『医療経営学』医学書院.

印南一路（1998）「組織としての病院」『組織科学』Vol.31，No.3，pp.16-26.

印南一路・堀真奈美・古城隆雄（2011）『生命と自由を守る医療政策』東洋経済新報社.

遠藤久夫（2007）「医療における競争と規制」西村周三・田中滋・遠藤久夫（編著）『医療経済学の基礎理論と論点』勁草書房，pp.123-151.

亀川雅人（2007）「医療経営の特殊性」亀川雅人（編著）『医療と企業経営』学文社，pp.1-21.

川上武（1965）『現代日本医療史』頸草書房.

厚生省医務局（1955）『医制八十年史』印刷局朝陽会.

厚生省健康政策局指導課（1990）『医療法人制度の解説』日本法令.

島崎謙治（2009）「公立病院改革の本質と課題」『社会保険旬報』NO.2394, 2009/7/21, pp.6-15.

島崎謙治（2011）『日本の医療』東京大学出版.

杉政孝（1981）『病院経営と人事管理』日本労働協会.

国際医療福祉大学医療福祉学部医療経営管理学科（編）『医療・福祉経営管理入門』国際医療福祉大学出版会，pp.204-231.

新村拓（編者）（2006）『日本医療史』吉川弘文館.

橋本寛敏・吉田幸雄（1972）『病院管理体系第 1 巻』医学書院.

羽田明浩（2015）「競争戦略論から見た日本の病院」創成社.

真野俊樹（2006）『入門医療経済学』中央公論新社.

武藤正樹（2013）『2025 年へのロードマップ』医学通信社.

第２章 経営戦略論

1　ヘルスケア経営戦略論

(1) 経営戦略論はどのような科目ですか⁉

ビジネススクールのMBAコースのコア科目に経営戦略論（コーポレートストラテジー）がある。経営戦略論とはどのような科目であるかについて最初に述べることにする。

経営戦略論は，企業分析の枠組みを教えてくれるものであると同時に，実務家にとっては企業の中短期の経営計画の立案に役立つ理論を提供してくれる科目である。経営戦略は，経営学の中心テーマであり，企業の長期的存続において重要な役割を占めているものの，具体的に企業経営においてどのような意味を持つかについて，論者によってさまざまな意見がある。

もともと軍事用語であった「戦略」が経営学の概念として登場したのは，1960年代のアメリカにおいて，チャンドラー（1962）あるいはアンソフ（1965）によって企業の中長期的な目標と，取るべき行動の採択等が述べられたことが登場背景と言われている。

企業分析の枠組みについて具体的に述べると「あの企業（病院）はどうして儲かっているのだろう？」ということを分析する切口を教えてくれるものであるといえよう。ここで述べる「儲けること」については，この本の主要な読者層であるナースをはじめとするヘルスケア機関で働くヘルスケアスタッフの方々にとってなじみの薄い考えかもしれない。また，「儲けること」を考えることは卑しいことと思う方もいるかもしれない。しかし，病院等ヘルスケア機関を長期的に運営するためには継続的に利益を計上する健全経営が必要となる。売上を費用で賄うことができない赤字経営が続くヘルスケア機関の運営は行き詰まり，やがては経営破たんすることで地域医療を支えることもできなくなってしまう。ヘルスケア機関に限らず，組織の運営には適正利潤を求めることは不可欠となる。

経営戦略論は「あの企業はどうして儲かっているのか」の分析の枠組みを理解できると同時に，中長期的な視点から企業の将来の方向性の指針を与えてくれるものである。

(2) 経営戦略論の系譜

19 世紀の終わりから 20 世紀初めに成立したと言われる経営学の中心科目である経営戦略論は 1960 年代頃から理論形成が為されたと言われており，今日までの歴史は約 50 年ほどであり，比較的新しい学問領域であるともいえよう。ここでは，およそ 50 年間の戦略理論の系譜について簡単に触れる。

表２－１　経営戦略理論の系譜

	60 年代	70 年代	80 年代	90 年代	2000 年代以降
経営戦略論の主な内容	企業強化のための戦略	多角化した事業のマネジメントのための戦略	企業間の競争のための戦略	経営資源の有効活用のための戦略	経営能力を経営環境に合わせた活用
	個々の企業が自らの経営活力を蓄積し強化する方法	多角化した事業の管理	事業間の競争の展開方法	個別企業の知識創造 保有する経営資源に基づく経営	経営能力の有効活用
	事業ドメインの定義 製品と市場の組合せ 経営リスクの分散のための多角化	PPM プロダクトポートフォリオマネジメント	ポジショニング コストリーダーシップ 差別化戦略 集中戦略	ケイパビリティ ナレッジマネジメント VRIO 見えない資源	ダイナミック・ケイパビリティ
代表的研究者	Chandler AD Ansoff HI	BCG ボストンコンサルティンググループ	Porter ME	Barney JB 野中郁次郎 伊丹敬之	Teece JD

出所：経営能力開発センター（2015）p.70 に筆者が加筆。

1960 年代の経営戦略論　経営力強化のための経営戦略

1960 年代に経営学に戦略概念を紹介したのはチャンドラー，アンソフである。チャンドラー（1962）は，「経営戦略と組織」で戦略を「企業の目標達成に必要な経営資源の配分方法」としたうえで，「組織は戦略に従う」という有名な命題を明らかにした。アンソフ（1965）は，「企業戦略論」において企業の意思決定を「戦略的意思決定」「管理的意思決定」「業務的意思決定」に分類するとともに，戦略的意思決定の重要性を示唆している。さらに経営戦略の構成要素として，成長ベクトルの「製品 - 市場」の組合せによる企業成長のための選択肢を示している。1960 年代の経営戦略論は，企業成長の基本的な方向である「どのような事業を行うか」の方針を決定することにあった。この当時のアメリカ企業は事業多角化を進めていた時代であり，製品・市場の選択の指針として戦略理論が重要な意味を持っていた。

1970 年代の経営戦略論　事業多角化の管理のための経営戦略

1970 年代に入って，企業の多角化が進展していくと，多角化をいかに行うかよりも，多角化した事業間の経営資源の配分が重要な問題となった。このような問題に対して新たな戦略手法に取り組んだのはコンサルタント会社であり，なかでもボストン・コンサルティング・グループ（BCG）は「プロダクト・ポートフォリオ・マネジメント（PPM）という経営戦略手法を開発した。（PPM については後述する）PPM の出現によって，経営戦略は事業ポートフォリオのマネジメントという新しい内容を付け加えることになった。

1980 年代の経営戦略論　事業間競争のための経営戦略

1980 年代に入ると，企業は同業他社との競争を強く意識するようになり，同業市場において独自の立場を確保することの重要性が認識されることになった。さらに企業は独自の競争優位性の構築を図り，同業他社との競争のための戦略が必要になった。

ここで経営戦略論の代表的研究者であるポーターによる「競争戦略論」が登場した。ポーターは，産業組織論の視点から，収益性の高い魅力的な業界において事業展開するべきとしてファイブフォース分析を提唱した。そして事業の基本戦略として，3つの戦略（コストリーダーシップ戦略，差別化戦略，集中化戦略）を提唱した。（ファイブフォース分析，3つの戦略は後述する）

1990年代の経営戦略論　内部経営資源を活用する経営戦略

1990年代に入ると，企業経営の方向性としては個々の企業が保有する経営資源が着目されるようになった。1980年代に，企業の外部環境に目が向けられ，企業の内部経営資源の要因が軽視された後に，企業の内部経営資源の重要性に再度目を向けた研究が登場した。この内部経営資源の重要性からバーニーは，「VRIO」分析で企業が保有すべき経営資源の属性を唱えている。（VRIOの内容は後述する）

2000年代以降の経営戦略論　ダイナミックに変動する組織能力を活用する経営戦略

2000年代に入ると，1990年代以降の資源ベースアプローチに基づく研究が行われるようになり，その流れを背景としつつ，組織が環境変化を乗り越えて競争優位を獲得して持続できるような能力である「ダイナミック・ケイパビリティ」と呼ばれる研究が行われてきた。急速に変化する環境に対応するために企業内部や外部の競争力を統合し再構築する組織能力であり，これまでの戦略論が静的なものであったのに対して，ダイナミック・ケイパビリティは，外部環境の変化に合わせて内部資源を動的に再構築するものである。

このように，経営戦略理論は数年ごとに様々な研究者により多くの学説が述べられている。これらの戦略理論の学説をミンツバーグ（1998）は整理し10学派に分類している。

10の学派

① デザイン・スクール

戦略形成で最も基本的な考えを提唱　SWOT分析

② プランニング・スクール

中心テーマは「形式化」 目標・予算・運用プランに落とし込む　計画主体は専門プランナー（企画スタッフ）

③ ポジショニング・スクール

市場競争原理の働く環境において戦略ポジションを選択するために産業構造分析を行う

④ アントレプレナー・スクール

起業家精神を学ぶことが中心　１人のリーダーの判断・知恵・経験・洞察等人間の知的活動を戦略形成の焦点とする

⑤ コグニティブ・スクール

起業家の心の中を分析し戦略形成のプロセス解明を行う　認知心理学を応用

⑥ ラーニング・スクール

組織学習を主要なテーマとして扱う　創発的に現れた戦略をいかに組織に根付かせるかに焦点

⑦ パワー・スクール

戦略形成において，パワー（政治や権力を含む影響力）の重要性を明示し，カテゴライズしたもの

⑧ カルチャー・スクール

組織文化は組織に対して独自性を与える　組織が好む思考スタイルや分析方法，戦略形成プロセスに焦点

⑨ エンバイロメント・スクール

「環境」を戦略形成上の主眼に置く　環境が戦略を規定し，組織は環境に従う従属的なものとなる

⑩ コンフィギュレーション・スクール

変革への対応から，組織が置かれた状況をとらえ，次の変化のプロセスをどのように制御するのかを検討する

(3) 経営戦略論の階層について

経営戦略は分析対象によって階層別に整理する必要がある。具体的な階層は大きく3つに分かれており，経営主体全体（企業全体）の戦略である企業戦略（全社戦略）と，事業部門の戦略である事業戦略（競争戦略）と，部門の戦略である機能別戦略がある。

図2－1 戦略の階層性図

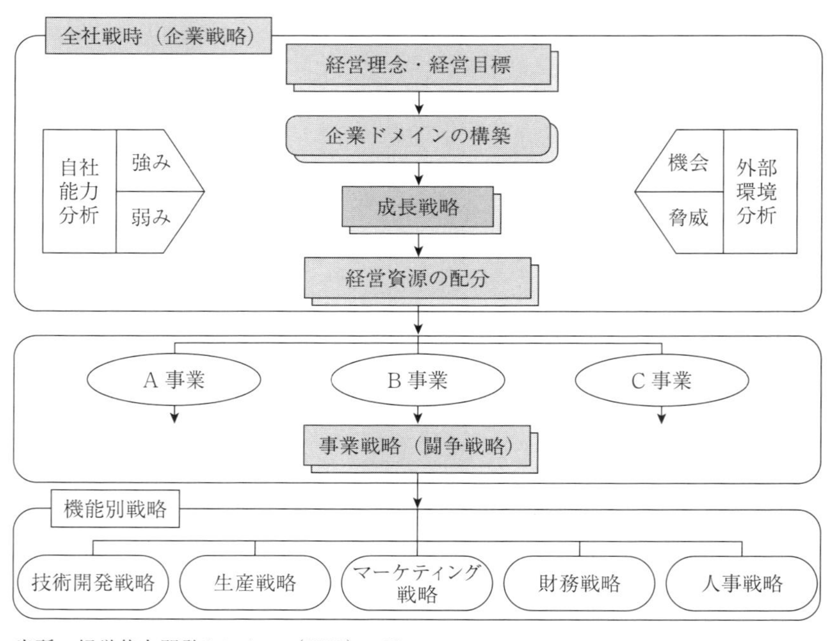

出所：経営能力開発センター（2015）p.18。

企業戦略（全社戦略）は，企業が手がける事業の組合せを決めることであり，どの事業に経営資源を優先的に配分するかを決定することである。企業は規模の拡大に伴い多角化によっていくつかの事業分野を手がける場合が多い。どのような分野に進出しどのような分野から徹底するのかを検討するのが全社戦略である。全社戦略の次元においては，これらいくつかの事業を統合した全社的な経営理念や経営計画が策定される。

事業戦略（競争戦略）は，特定の事業分野（業界・産業）においてどのように事業展開をするかという基本方針を意味する。これはいかに競合他社と競争をするかを意味するので競争戦略とも言われる。尚，単一の事業分野のみを経営している企業は，全社戦略と事業戦略がほぼ同一になる。

機能別戦略は，企業の機能分野ごとの戦略を意味し，具体的には製造，販売・マーケティング，経理・財務，人事などである。企業の機能分野が中心となるため企業戦略や事業戦略からみれば手段の側面が強く，戦略よりも戦術と言った方が相応しいかもしれないが，例えば，企業業績が低迷し財務内容改善が喫緊の課題であった場合などは企業全体の命運を左右する場合もある。

ヘルスケア組織のおける戦略の階層性

この戦略の３つの階層性を具体的にヘルスケア組織に当てはめると，全社戦略は医療法人全体の戦略に相当し，事業戦略は病院の戦略に相当し，機能別戦略は，病院の部門別の戦略に相当する。尚，単一病院のみを経営する医療法人にあっては，全社戦略と事業戦略は同一になる。

医療法人全体の全社戦略において，統一した経営理念が策定され，医療領域，介護領域等の事業領域においての経営計画が策定されたうえで経営資源の配分が為される。病院や介護施設における事業戦略においては，近隣の競合病院とどのように競争し，協調するかを検討したうえで，いかに地域医療に貢献するかを検討する。

機能別戦略は部門別の戦略として，診療部門における診療方針，看護部門における看護方針，管理部門における財務，人事，総務他の方針等の策定がある。

2　全社戦略

(1) 全社戦略におけるミッション・経営理念とビジョンについて

全社戦略はまず，ミッション・経営理念・ビジョンといった企業のあるべき姿を明らかにすることから始まる。なぜこの会社を興すのか，この会社で何を行いたいのか等，経営者の考えを具現化するための行動のもとになるものがミッション・経営理念・ビジョンである。

①　ミッションと経営理念

企業は，自社の目的や哲学を経営理念として掲げている。ミッションは，社会におけるその企業の存在意義や使命のことである。経営理念はどのような経営を行うかという基本的な考えを表すものであり，具体的な目的ではない抽象的で理念的な目的を謳った「この組織（企業）は何のために存在するか」あるいは「組織の中核となる価値観」などを示したものや，創業者の精神や心構えなど，企業に抱く願望を示したものもある。

経営理念が提供するものは，組織の価値観である。価値観がなぜ必要かについては次の理由からである。第一に，経営理念によって企業の目標が明確になり，職員の働く意欲が共有されるからである。第二に，組織外の関係者に組織の目標を示す役割を持つからである。そして第三に，企業に働く人々とのコミュニケーションのベースを提供するからであり，同じ価値観で受け取ることであるメッセージは正確に伝わるのである。

②　ビジョン

ビジョンは企業のあるべき姿「将来の方向性を構想として示したもの」である。すなわち，「このような企業でありたい」「このような企業として成長したい」というものであり，現状の姿と将来像のギャップを埋めることでもあり，現在と将来の「架け橋」でもある。

企業の経営者はビジョンを掲げることで，企業に働く人々を一体化して，経営方針や行動指針等の組織の基本的価値観について定めたうえで企業の成長に向けた経営目標に向けた経営活動を行うのである。

③　ミッション・経営理念・ビジョンの意義

企業が短期的にいかに成長を遂げて繁栄したとしても，ステークホルダー（顧客，従業員，取引先，投資家，地域社会等）から共感を得られるような経営理念と経営方針でなければ長期的な存続や発展は望めない。このようなミッションや経営理念・ビジョンを掲げるには，経営トップ層をはじめとする組織メンバー全員が理念等に適った経営活動を行うことが重要である。

企業がゴーイングコンサーン（継続企業の概念）として，永続的な存続と発展を計画すれば，企業の基本的な経営方針や経営目的を明示的に確立する必要がある。激しい経営環境の変化にさらされている現代において企業内論理では持続的な競争優位を得ることは難しくなっており，さまざまなステークホルダーに対して自社の経営姿勢を明らかにすることが要求されるようになってきたのである。ここで企業が経営理念やビジョンを明らかにする理由は以下にある。

- 外部のステークホルダーに対して，企業の存在意義や経営姿勢を明らかにして共感を得る。
- 組織メンバーの行動に規律を与える。
- 組織メンバーの意思決定の依り所となる。
- 組織メンバーにインセンティブを与えモラール向上に資する。

④　経営目標

経営理念が企業の基本的な価値観や長期的な方向性を示す定性的な概念であるのに対して，経営目標は企業がある時点において到達したい姿を定性的・定量的の両面から明らかにするものである。

ここで定性的な経営目標とは，中長期的にありたいとする企業の姿を明文化するもの，重要な経営課題を重点施策として表すものなどがある。一方，定量的な経営目標は，具体的な売上高，利益数値，市場シェアなど数値目標を掲げるものが多い。

コラム　医療機関の経営理念（ミッションとビジョン）

病院が組織的に医療を提供するための基本的な活動が，適切に実施されているかどうかを評価する病院機能評価では，組織運営の評価項目の「理念達成に向けた組織運営」の中で，「理念・基本方針を明確にしている」という項目がある。

【評価の視点】

○理念・基本方針をわかりやすく内・外に示し，病院組織運営の基本としていることを評価する。

【評価の要素】

・理念の基本方針の明文化
・必要に応じた基本方針の検討
・病院の内外への周知

医療機能評価機構による病院機能評価の評価項目に，上記のように病院の経営理念と基本方針を表わしたうえで，病院内組織における周知と病院に来られる患者他への周知がある。そのため，病院機能評価を受診した病院は経営理念の周知が図られている。

(2) ドメインについて

ドメイン（domain）という言葉は，本来は領土，範囲，領域などを意味する。野中（1985）は，ドメインを経営学では「諸環境の中で組織体がやり取りする特定領域」であると定義し，企業が行う事業活動の展開領域であり，ドメインを定義することで企業は自ら競争相手と戦っていく土俵を定めたことになると同時に，より本質的には企業の基本的性格を規定することである，と述べている。

どのような大企業でもすべての事業領域において事業展開を図ることは不可能である。そのため企業はドメインを限定して，企業の持つ限られた経営資源を効率的に配分して事業展開を行っている。企業の基本的なドメインが決まることで組織の経営トップの焦点が決まると同時に組織の一体感の醸成が期待できる。

このドメインの定義は，現在の活動領域を明確にするだけでなく，将来のまだ事業化されていない，潜在的な事業領域などの将来進むべき方向性を明らかにするものでもある。

ドメインを定義することは，企業の全社戦略を策定するうえで最上位に位置する概念であると考える。

①　ドメインを定義する意義について

企業がドメインを定義するのは，次のような意義があるからである。

＜経営資源の蓄積と配分の方針の決定＞

ドメインが定義されたことで，事業展開に必要な経営資源が明らかになる。そこで必要な経営資源の蓄積と同時に資源配分の方針が決定される。

＜組織メンバーに意思決定の指針を与える＞

ドメインの定義を組織内外に伝えることで，企業としての進むべき方向性を示すことができる。

＜組織の一体感の醸成＞

ドメインを定義することで，自社の土俵を定めることになり，企業アイデンティティーが明確になる。それにより企業全体で目標の共有が可能になり組織に一体感が醸成されることになる。

②　ドメインの定義方法

物理的定義と機能的定義によるドメイン定義

ドメインの物理的定義とは，製品やサービスの視点から事業領域を定義したものを呼ぶ。しかし，事業の羅列からは将来の成長の方向性を見いだすことはできない。

一方，ドメインの機能的定義とは，製品やサービスそのものでなく，その製品やサービスがどのような機能を提供するかという視点に立って定義したドメインを呼び，これにより将来にわたる展開方向を示し，新たな事業の広がりが見えてくる。

このように物理的定義と機能的定義を提起したのはレビットであり，製品や技術は結局，陳腐化するのであるから，より長期的に持続する市場の基本的ニーズに関連させて事業を定義する方が良いと主張した。

③　顧客層と技術によるドメイン定義

顧客層による定義とは，市場や顧客をグループ化して対応する製品やサービスの提供をドメインとするものであり，セグメント基準として地理的基準，ライフスタイル，人口動態基準などがある。

技術による定義とは，企業の中核技術を中心に将来の発展の方向性をドメインとするものである。

市場が成熟化し顧客ニーズの多様化が進展してくると顧客層と技術の２軸でのドメイン定義も難しくなってくる。

④　顧客層と技術と顧客機能によるドメイン定義

顧客ニーズの多様化によって，ドメインの定義の次元も高度化するように

図２－２　顧客層と技術と顧客機能によるドメイン定義

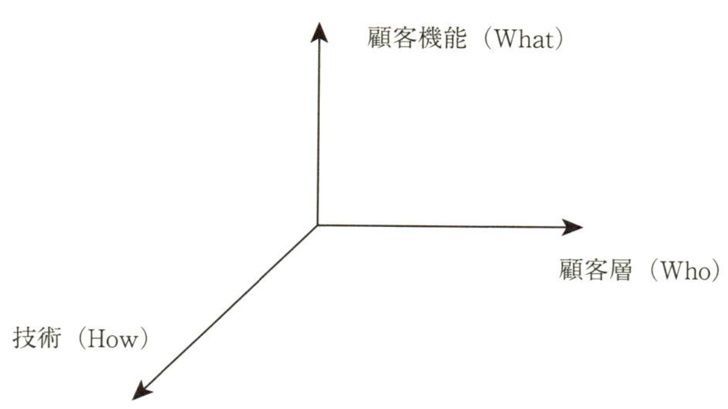

出所：Abell（1980）邦訳 p.35。

なってきた。現在，ドメイン定義で普及しているのは，顧客層と技術に顧客機能を加えた３つの次元でドメインを捉える方法である。顧客機能とは顧客が満足するニーズは何であるかを示すものである。

顧客層と技術と顧客機能によるドメイン定義とは，どのような顧客に焦点を当て（Who），どのようなノウハウを持って（How），顧客のどのようなニーズに応えるのか（What）を考えることによる定義である。

(3) 医療機関のドメインの定義

①　物理的定義と機能的定義

物理的定義としての医療機関のドメインは，診療機能に合わせて，高度急性期医療，急性期医療，回復期リハビリテーション医療，慢性期医療等の医療事業の領域，あるいは介護事業の領域と定義することができる。一方，機能的定義としての医療機関のドメインは，地域医療に貢献して地域住民の健康を守るなどと定義することもできる。

②　顧客層と技術と顧客機能によるドメイン定義

医療機関のドメインの定義において，循環器疾患を例にあげると，循環器疾患の患者層に対して，心臓カテーテルの技術をもって，治療するとすれば，顧客層と技術と顧客機能によるドメイン定義ができるのである。

コラム　聖路加国際病院のドメイン

聖路加国際病院が 1925 年頃に病院の目指す事業として「患者に高いスタンダードの治療をする事。看護婦の教育訓練。若い医師の学校卒業者の教育。家庭訪問して医療とその知識を与える社会奉仕。学校衛生へ参加。病院のスタッフの仕事のよき連絡即ちチームワークを行う施設なり」の記載がある。（聖路加国際病院八十年史 p283）

1925 年（大正 14 年）に定めたドメインは，患者に高いスタンダードの治療を行うことは，急性期医療を行うこと，看護婦の教育訓練から今日の看護大学の運営を行うことにつながっているのである。

3　競争戦略論

経営戦略論の階層のなかで，全社戦略より下位に位置づけられる事業戦略論は競争戦略論とも言われており，企業グループが展開するいくつかの事業のうちのひとつの事業の戦略を分析するものである。

これを具体的にヘルスケア機関に置き換えると，ヘルスケア機関を運営するグループにとっての事業戦略は，病院経営あるいは診療所経営や介護施設経営の経営が相当する。

競争戦略論は大きくは，企業が獲得する利益の源泉について，企業の外部からの分析を重視するか，企業の内部からの分析を重視するかの２つに分かれる。事業の外部要因の分析を重視する考えを，ポジショニング・アプローチと言う。ポジショニング・アプローチによる分析方法は企業が所属する業界の構造分析などの外部環境要因を重視する考えである。一方，企業の事業内部の分析を重視する考えは，資源ベース・アプローチという分析方法によって企業の内部経営資源要因や企業の組織能力要因の影響を検証するものである。

図２－３　競争優位の源泉

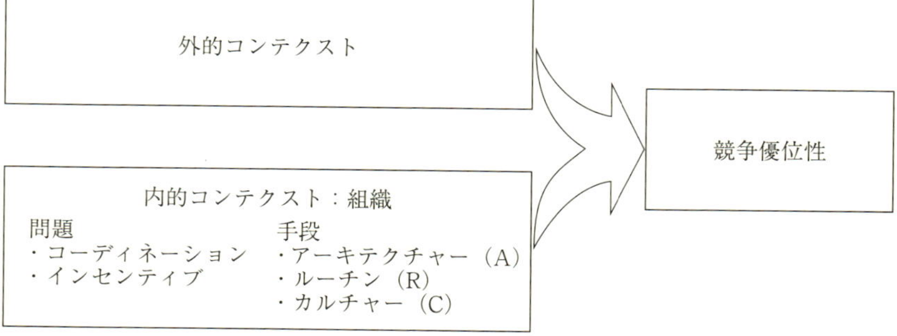

外的コンテクスト

内的コンテクスト：組織

問題	手段
・コーディネーション	・アーキテクチャー（A）
・インセンティブ	・ルーチン（R）
	・カルチャー（C）

→ 競争優位性

出所：Saloner 他（2001）邦訳 p.83。

この競争戦略論において事業の外部要因と内部要因のどちらかを重視するかについて，青島・加藤（2003）は，松井秀喜元巨人軍選手を事例にあげて次のように説明している。

「松井元選手は巨人軍に在籍したときなぜ高額の年棒を獲得できたのであろうか？　これに対してポジショニング・アプローチから見ると，「プロスポーツで野球を選んだからと，巨人軍の選手であるため」としている。同じプロスポーツでもＪリーガーであれば，それほどの年棒は得られなかっただろうし，同様に同じプロ野球選手であっても，広島の選手であったらそれほどの年棒は得られなかったであろう。それに対して，資源ベース・アプローチからみると，「ホームランを量産できる卓越した打撃力があるから」という，身体能力の高さがあったことが高い年棒を得られたことの要因としてあげている。同じ巨人軍の選手でも年棒に大きな差があることの説明に，外部要因であるポジションでは全て説明できず，内部要因である身体能力の差も要因として必要である」ことを説明している。

さらに，楠木（2010）は，大リーガーイチロー選手の事例からポジショニング・アプローチと資源ベース・アプローチを説明している。

「ポジショニング・アプローチからは，そもそも野球を選択した。メジャーリーグに移籍し，マリナーズを選択した。そして外野手を選択した。という活躍する場所の選択が良かったことをあげている。次に資源ベース・アプローチとして，高い打撃技術と選球眼を持ち，俊足であること。強い精神力を持ち，独自の練習ルーティンを行っていること」などイチロー選手の持つ身体能力と練習方法などの内部要因をあげている。

ただし，企業の外部環境要因と企業の内部経営資源要因は，どちらの方が企業利益により多くの影響を及ぼすかについては，すでに先行研究で明らかになっている。

一般事業会社の業績に及ぼす影響は，企業の外部環境要因より個別企業要因である内部要因の影響が大きいとする先行研究が多い。グラント（2007）は，一般事業会社の業績に，外部要因の業界構造要因はわずかな影響しか及ぼしていないと述べている。

表２－２　企業の利益率の要因（外部要因と内部要因）

研究者	利益率の差異説明要因		
	産業効果	企業独自の要因	説明出来ない差異
Schmalensee（1985）	19.6％	0.6％	79.9％
Rumelt（1991）	4.0％	45.8％	44.8％
Mcgahan & Porter（1997）	18.7％	36.0％	48.4％
Hawawini et al.（2003）	8.1％	35.8％	52.0％
Misangyi et al.（2006）	7.6％	43.8％	N.A
小本（2008）	5.5％	51.0％	43.5％

出所：Grant（2007）に小本（2008）を加筆。

４　外部環境要因の分析（ポジショニング・アプローチ）

企業の持続的競争優位の源泉を，企業の外部の環境に見るポジショニング・アプローチの代表的な研究者はマイケル・ポーターである。

図２－４　５つの競争要因

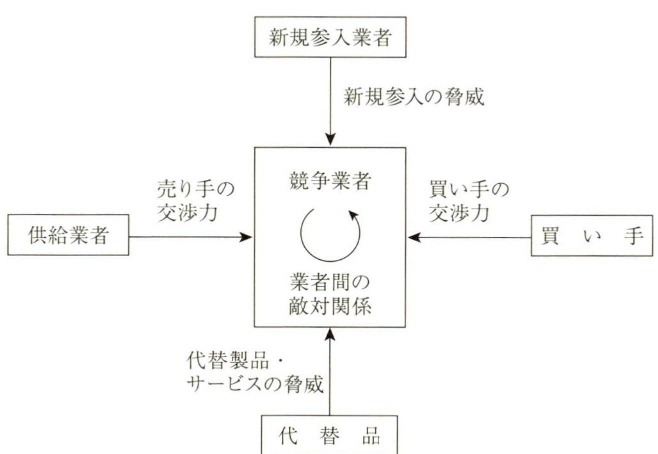

出所：Porter（1980）邦訳 p.18。

ポーター（1980）が唱える業界の構造分析方法にはファイブ・フォース・モデル（5つの競争要因（5forces））がある。この５つの競争要因は，①新規参入の脅威，②代替製品の脅威，③買い手の交渉力，④売り手の交渉力，⑤競争業者間の敵対関係，があり，この５つの競争要因によって業界の収益率が決まると述べている。これは，５つの競争要因が強い（弱い）ほどその業界の収益性は低い（高い）ことである。そのため，業界の競争要因からうまく身を守り自社に有利な位置を業界内に見つけることが必要であるとしている。

①　新規参入の脅威

ある業界に他の業界から新たに参入することによって，競争が激しくなることから，既存業者の販売価格が低下するか，製造コストが高まり，結果として収益が低下する。新規参入の脅威がどれくらいあるかは，参入障壁がどのくらいか，あるいは既存業者の反撃の大きさによって決まる。参入障壁が堅固であり，防備を強化した既存業者からの鋭い反撃が予想される場合は，当然ながら新規参入の脅威は小さくなる。

②　代替製品の脅威

業界内のすべての企業は，代替製品を生産する他の産業と広い意味での競争を続けている。代替製品は，現在の製品と同じ機能を果たすことができる他の製品を意味する。

それらのうち注意が必要な代替製品は，現在の製品よりも価格帯と製品性能の比率がよい製品，あるいは高収益をあげている業界が生産している製品であり，この代替製品の改良により，業界の競争が激化することで既存業界へのかく乱につながることもある。

③　買い手の交渉力

買い手は，価格の値下げを迫ったり，もっと高い品質やサービスを要求したり，売り手同士を競い合わせたりして業界の企業収益を下げる行動を行う。

買い手がどれだけ力を持つかは，市場状況の特性や，買い手の業界全体に占める購入割合によって決まってくる。次のような場合は買い手の力は大きい。買い手が集中して大量の購入をする場合買い手の力は大きい。買い手の購入する製品が標準品などでいつでも代わりの供給業者を見つけられる。取引先を変えるコストが安いと買い手はいつでも供給業者を変えることができるので買い手の力は大きくなる。買い手が川上統合に乗り出す姿勢を示すことで買い手の力は強くなる。

④　売り手の交渉力

売り手である供給業者は，買い手に対して価格を上げる，あるいは品質を下げると言うことで交渉力を高めることができる。力のある売り手は力の弱い買い手業界から収益を奪うことができるのである。

供給業者の力を強める条件は買い手に力を与える場合に似ており，次のような場合に売り手の力は強くなる。売り手の業界が少数の企業によって支配されており，買い手の業界よりも集約されている場合，価格品質取引条件の面で強力な力を発揮する。買い手が供給業者にとって重要な顧客でない，あるいは供給業者の製品が買い手にとって重要な仕入品である場合。供給業者の製品が特殊な製品であり，他の製品に変更すると買い手のコストが増す場合。供給業者が川下統合に乗り出す姿勢を示す場合に供給業者の力は強まるのである。

⑤　競争業者間の敵対関係

既存業者間の敵対関係は，価格競争，広告競争，新製品の導入，顧客サービスの拡大などの戦術を駆使して，市場地位を確保しようという形をとる。

既存業者間の敵対関係が激化するのはさまざまな構造的な要因によって引き起こされるが，次のような場合に起こる。同業者が多く，似たような規模の会社がたくさん存在する場合，業者間のせめぎあいは激しくなり，経営は不安定となる。一方業界の寡占状態が高い場合は，業界のリーダー企業による競争に一定の規律を与え調整の役割によって業界の収益性は安定する。業界の成長が遅いと市場シェア拡大に努める企業間のシェア争奪競争を引き起こし，結果として収益性が低くなる。製品差別がなく買い手を変えるのにコストがかからない場合，買い手による選択は，価格の安さとサービス内容によるため価格競争が出現し，競争は激烈になる。

(1) ヘルスケア業界の業界分析

わが国のヘルスケア業界の業界分析はどのようなものか，尾形（2010）は5つの競争要因（5forces）を用いて日本の医療の現状を述べている。

①　新規参入の脅威

ヘルスケア業界については，他の産業に比べ制度的な参入障壁が大きいことが特徴にあげられる。営利企業の参入は原則として禁止されており，医療計画による病床規制など，結果的に既存の医療機関を保護し新規参入の規制につながっている措置が多い。わが国の医療業界は新規参入の脅威が他の産業に比べて大きくないのが現状である。

②　代替製品の脅威

もともと医療サービスを代替する製品やサービスの範囲と内容は限られており，完全に代替できるような性質のものはない。医療の代替製品・サービスの一例として，市販薬（医師の処方箋を必要としない薬）や健康診断などの予防的なサービス，健康食品，サプリメントなどがあげられる。これらは一面では医療サービスを代替する側面もあり，医療機関で受診するよりも気軽に購入やサービスを受けられることも多いと思われる。しかしながら，これらが本格的な医療である入院手術を代替するような性質のものではない。

このような製品やサービスが既存の医療サービスを代替するような脅威には現状ではなっていない。

③　買い手の交渉力

医療サービスの買い手は個々の患者などであり，医療サービス提供側との情報の非対称性による情報のギャップはきわめて大きい。そしてわが国の医療サービスの大半は医療保険によって公定価格となっており，買い手による価格交渉の余地はない。このようにわが国の医療業界においては他の産業に比べて顧客の交渉力は相対的に弱いといえる。

④　売り手の交渉力

わが国の医療業界において売り手の交渉力は相対的な力関係で決まる。国際的に事業展開している医薬品・医療機器メーカーは，製品の独自性や差別化度合いも大きく強い交渉力を有する場合が多い。一方，給食，清掃，滅菌サービスなどの医療関連サービスの供給業者は，提供サービスの独自性や製品差別化もあまりないものが多く，相対的な交渉力は弱い。このように医療業界における売り手の交渉力はケースバイケースである。

⑤　競争業者間の敵対関係

わが国の医療業界においてある程度は存在する。病床規制の存在によって病院の新設増設は規制されているものの，全国２次医療圏の大半は病床過剰医療圏であり，地域的に厳しい競争に直面している医療機関も少なくない。ただし，医療業界においては，地域医療連携などにより患者を紹介しあうなどの体制が構築されており，他産業にくらべれば競争業者間の競合関係は弱いといえる。

このように，５つの競争要因による基本的な分析枠組みにより，わが国の医療サービスに関する基本的な競争要因を分析した結果は，他産業に比べそれほど強くないといえるものである。供給業者の交渉力や業界内競争業者間の競合など，競争要因は見られるものの，他の競争要因は相対的に弱いことなどが要因となっている。

このことは，医療業界の収益性は相対的に高い水準にあるといえるのである。これは，医療は非営利であるといわれ，収益性の追求が必ずしも目的ではないものの，他産業に比べて高い収益性を得ることが可能な業界であることを意味している。

(2) 競争戦略から協調戦略へ

5つの競争要因で分析するのは，企業を取り巻く業界の構造分析によって企業の利益に関するもので業界内の競争状況を分析するものである。ここで企業を取り巻く業界構造は競争を前提としたものである。しかし，同じ業界にあっては自社の行動によって競合企業も反応することになり，競争ばかりでなく時には協調することも多い。

前述したように，医療業界にあっては地域医療連携患者を紹介する仕組みもあり，地域医療にあっては競争戦略よりも協調戦略の方が，なじみやすいと思われる。

ネイルバッフとブランデンバーガー（1997）は，競争と協調を組み合わせたコーペティションを唱えている。このコーペティションでは，自社以外の企業の製品を顧客が所有することで自社製品の価値が増加する企業として補完的企業の存在を唱えて，市場の拡大において補完的企業と協調した後，市場内のポジション獲得においては競争すると述べている。

さらに，顧客，競合企業，供給業者，補完的企業をプレーヤーとみなして，お互いに利益を奪い合うのではなく協調によって利益を増大することを唱えて

図２－５　価値相関図

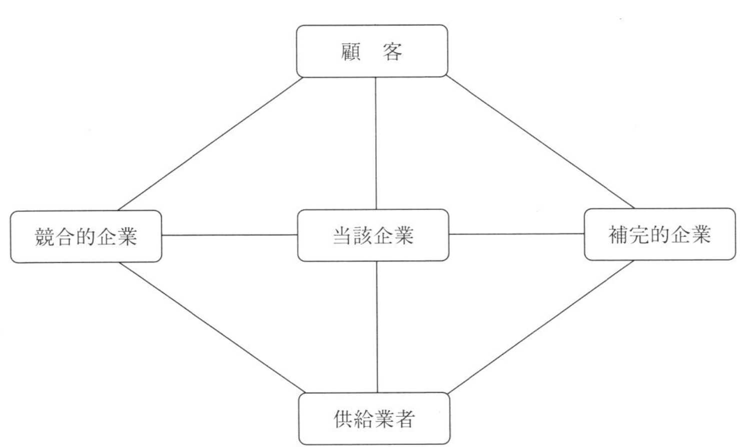

出所：Nalebuff & Brandenburger（1997）邦訳 p.29。

いる。

医療業界においては，地域医療連携における病床機能区分による急性期病院と回復期病院，慢性期病院の関係はお互いに補完的企業であるといえる。さらに訪問看護ステーションや介護事業者も補完的企業といえよう

5　競争戦略の基本戦略

ポーター（1980）は，競争戦略について以下のように述べている。競争戦略とは，業界内で防衛可能な地位をつくり，5つの競争要因にうまく対処し，企業の投資収益を大きくするための攻撃的または防御的なアクションであり，ある企業にとってのベストの戦略は，その企業の環境を計算に入れてつくりあげた戦略にほかならないと述べている。そのうえで，長期的に防御可能な地位をつくり，競争相手に打ち勝つための3つの基本戦略があると述べている。

5つの競争要因に対処し，他社に打ち勝つための3つの基本戦略は，コストリーダーシップ，差別化，集中化である。

（1）コストリーダーシップ

コストリーダーシップは，コスト面で最優位に立つという基本目的にそった一連の実務政策を実行することで，コスト面で他社より優位に立とうとする戦略である。この戦略を取る企業は，効率の良い規模の生産設備を積極的に導入し，生産コストや間接諸経費の削減を追求する「同業者よりも低コストを実現しよう」がこの戦略の一貫したテーマである。コストリーダーシップをもたらす要因に，経験曲線効果と規模の経済性がある。この戦略を取るのに必要なのは，相対的に高い市場シェアを得ること，原材料などが有利に入手できることである。そのためには，製造しやすい製品設計にする，コストが分散できるように関連製品種類を増やす，大量販売ができる体制を作り出すなどが必要になる。

コラム　経験曲線効果と規模の経済

規模の経済は，ある製品の生産・販売規模を拡大することによって，「単位当たり費用」が減少することをいう。生産・販売に伴って発生する費用は固定費と変動費に分けられる。このうち変動費は生産・規模拡大に伴い費用も増加するが，固定費は生産規模にかかわらず一定である。そこで生産規模の拡大によって「単位当たり固定費」は減少するのである。これが規模の経済の発生要因である。

経験曲線効果は，累積生産量（経験量）が倍増するたびに一定比率で「単位当たりコスト」が減少する現象をいう。経験量が増すことで労務費や製造原価やマーケティング費用などが減少することが確認されている。

規模の経済と経験曲線効果は，生産量の増加がコスト減少をもたらすという点で類似しているが，規模の経済性はある時点での生産規模に起因するのに対して，経験曲線効果は過去からの歴史的経緯がコスト削減の要因になっていることに違いがある。

サービス業であるヘルスケア施設においては，規模の経済性は働きにくいが，経験曲線効果は多く発生する。

図２－６　規模の経済と経験効果

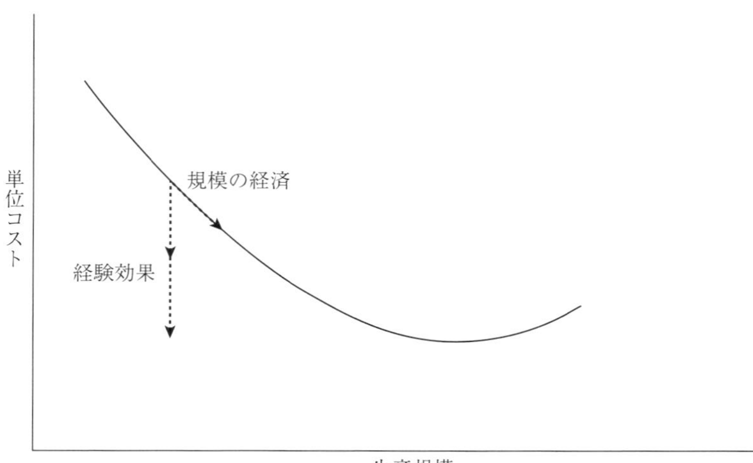

出所：網倉・新宅（2014）p.172。

図２－７　競争戦略の基本戦略

		戦略の有利性	
		顧客から特異性が認められる	低コスト地位
戦略ターゲット	業界全体	差　別　化	コストのリーダーシップ
	特定セグメントだけ	集	中

出所：Porter（1980）邦訳 p.61。

(2) 差別化戦略

差別化戦略は，自社の製品やサービスを差別化して，業界のなかで特異だと見られる何かを創造しようとする戦略である。差別化の方法はさまざまであり，製品設計での差別化，ブランド・イメージの差別化，技術面での差別化，製品特長の差別化，顧客サービスの差別化，デーラー網の差別化などがある。

差別化戦略に成功すると，コストリーダーシップと異なる方法で，業界の平均以上の収益を得ることができるとともに，業界内同業者からの攻撃も回避することができる。顧客からブランドへのプレミアム価格を得ることができることで顧客は価格感応度が弱くなる。差別化によって，ときには市場シェア確保が不可能になることもあるが，それは極端な差別化の場合，一部特定の市場だけを対象にすることもあるため市場シェアとは矛盾する結果となる。

差別化のために必要な活動は本来コストがかかるものであり，大がかりな基礎研究，製品設計，高品質の素材，徹底した顧客サービスなどがそうである。

(3) 集中戦略

集中戦略は，特定の買い手グループ，製品の種類，特定の地域などへ企業の資源を集中する戦略である。集中戦略はそもそも特定のターゲットに対して丁寧に扱う目的で策定され，ターゲットを広くした同業者よりも狭い範囲にターゲットを絞ることで，より効果的で効率の良い戦いができるという前提からこの戦略は生まれている。市場全体をターゲットとするとコストリーダーシップも差別化も達成はできないが，特定ターゲットのニーズを満たすことで差別化戦略あるいはコストリーダーシップが可能になるほか，両方の達成も可能になる。一方で，集中戦略は市場シェアの大きさという点では欠点を持つ。収益性を取るか売上高を取るかの選択においては売上高を犠牲にせざるを得ない。

6　医療業界における基本戦略

(1) 差別化戦略

尾形（2010）は医療機関の競争戦略としての差別化戦略について，製品差別化，価格差別化，補助的サービス差別化，ブランド差別化の観点から次のように述べている。

①　サービス（製品）差別化

サービス（製品）差別化とは提供するサービス（製品）本体について独自性を発揮して競合病院と差をつけることであり，競争戦略における最も本質的な部分である。医療機関にとっては，医療サービス本体の中核サービス（コア・サービス）において競合病院が真似のできないサービスを患者に提供することである。具体的には「24時間断らない」医療の提供は大きなサービス差別化につながる。

②　価格差別化

価格差別化は価格競争において競合他社より安い価格設定を行うことであるが，医療保険によって公定価格である医療サービスの大半は価格設定を自由に行うことはできない。わずかに保険外の自由診療である周産期や健康診断・人間ドック，差額ベッド代などについて，自由に価格設定ができるに過ぎない。価格差別化が大きくできないことが企業経営と比べた医療機関経営の特徴であるといえる。

③　補助的サービス差別化

提供する製品やコア・サービスそのものではないが，それらに関連する補助的なサービスの提供において独自性を発揮することである。医療機関については，たとえば病室や診療室の環境や雰囲気，内装といったアメニティのあり方，提供される食事の内容と質，外来待ち時間を快適に過ごす工夫，効率的な会計システムなど，さまざまな補助的なサービスのあり方に工夫を加えることで競合病院との差別化を図ることができる。価格差別化の余地の少ないわが国医療機関において，本体サービスを補完する補助的なサービスの位置づけは重要であるといえる。

④　ブランド差別化

商品やサービスの有する無形の超過収益力を表すものであり，医療機関についても何らかの形で名声が確立され，ブランド医療機関とみなされることの効果は大きい。こうしたブランド病院は患者を引き付けるだけでなく，同時にそこで働こうとする優秀な医師や看護師など，メディカルスタッフを引き付ける力も有することになる。そのことが実際に提供される医療サービスのさらなる差別化をもたらす。ブランドがうまく機能している場合は，このような好循環をもたらす効果があるといえる。

ケーススタディ　差別化戦略

～黒沢病院附属ヘルスパーククリニック（群馬県高崎市）～

黒沢病院附属ヘルスパーククリニックは，母体の黒沢病院から外来と人間ドック機能を移す形で2009年に開院した。予防医学を重視し美容外科を設け，エイジングケア，デイケアも実施している。4階建の建物内に医療法42条施設「メディカルフィットネス＆スパ・ヴァレオプロ」，人間ドック，健康診断を行う「高崎健康管理センター」を設け，健康増進拠点の機能を発揮している。人間ドック受診者は開設以来毎年1,000人～2,000人のペースで増加している。

同院の人気の理由は，最新鋭の装備や各科専門医による精度の高い診療および検査とアメニティの充実にある。「病院らしくない病院」をコンセプトに設けられたセンターは高級ホテルを連想させるシックな佇まいであり，宿泊室は「世界を旅する」をテーマに1室ごとに異なる国をモチーフにしたデザインになっている。「検査でつかれた人においしいものを」という理事長の考えにより，受診者専門のレストランではこだわりの食事を提供している。農家から直接買い付けた魚沼産コシヒカリをはじめ厳選された素材を使用し，元一流ホテルのシェフが調理している。人間ドックの受診者は同じ建物にあるメディカルフィットネス「ヴァレオプロ」の利用も可能であり，おいしい料理を食べ，運動したり，天然温泉に入ったり

1泊2日の人間ドックでちょっとした旅気分が楽しめるようになっている。

病院らしさを排するために院内の至る所に生花を飾っている。毎朝6時半から副理事長と事務職員が一つひとつ手作業で活け，開院前に院内の100ケ所以上に配置している。長年の花の取り組みが評価され，癒しと安らぎの環境フォーラムが認定する「癒しと安らぎの環境賞」を受賞している。

出所：フェイズ・スリー　2015年9月号

(2) コストリーダーシップ

労働集約的な医療サービスを提供する医療機関においては，大量生産による単位当たりコストの引き下げに伴う「規模の経済」は働きにくいとされている。また医療機関におけるコストに占める人件費の割合は大きいが，人件費割合の縮小も容易ではない。そのため医療機関におけるコストリーダーシップは，医薬品や医療資材などの大量購入などによる購入単価引き下げによるものが中心となる。

なお，コストリーダーシップでは，コストの引き下げと併せて販売価格の引き下げによる価格競争を導入するケースもあるが，診療報酬価額が公定価格である医療サービスにおいては販売価格引き下げによる価格競争は発生しない。

(3) 集中戦略

医療機関における集中戦略は，たとえば眼科，肛門科，整形外科などの単科専門病院化のほか，循環器，消化器などの臓器別診療領域の絞り込み，あるいは回復期リハビリテーションなどの診療機能の特化などをあげることができる。

特定の診療領域に集中することで，その領域の患者が集中すると同時に，その領域の診療にかかわることを望むメディカルスタッフを集めることで，競争優位性を高め，特定の診療領域における高いシェアを取って収益性を高めることが可能となる。

7　バリューチェーン（価値連鎖）

ポーターは，バリューチェーン（価値連鎖）について，相互に依存する活動がリンケージ（連結）でつながって，供給業者が投入資源を提供し，自社の製品が流通チャネルを経て最終的な買い手にたどりつくというように，外部との関係を最適化調整することで競争優位が得られると述べている。

バリューチェーン（価値連鎖）は，企業が生み出す付加価値は主活動である購買物流 → 製造 → 出荷物流 → 販売・マーケティング → サービスと，支援活動である全般管理，人事労務管理，技術開発，調達活動の連鎖によって生み出されているという考えをベースにしている。バリューチェーンが意味するところは，原料を提供し，加工し，流通し，最終消費者に提供するまでに価値を生み出し，チェーンに参加する企業が価値を享受するシステムである。バリューチェーンを描くことによって，主活動と支援活動のどの活動単位において，付加価値が生み出されているのか分析ができる。

図2－8　バリューチェーン図

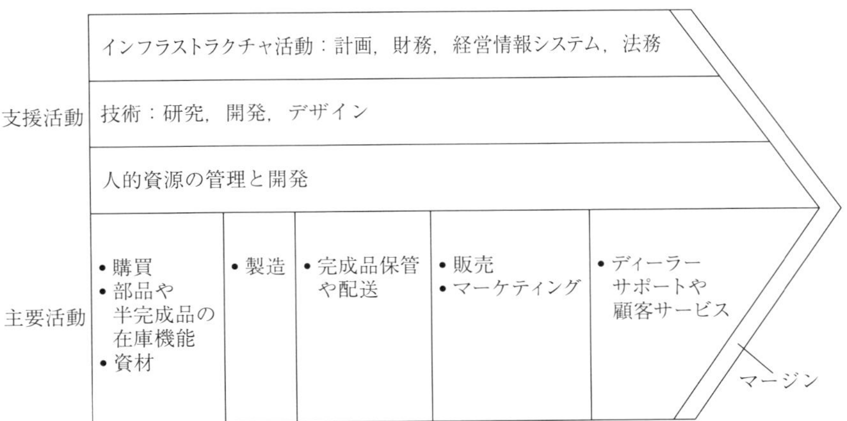

出所：Porter（1985）.

さらにポーターは，医療提携におけるバリューチェーン（Care delivery value chain）について次のように述べている。ある病態を持つ患者にケア・サイクルを通して診療する場合の各種業務を表すもので，バリューチェーンの始まりは特定の病態を特定する診断に始まり，次に治療行為の準備，治療行為である介入，次に回復のためのリハビリテーション，そして最後にモニタリングと管理で終了する。このバリューチェーンにより，医療機関が医療提供をどのように行い，他の医療機関との相互関係を理解して患者への医療提供を向上させるか，そのプロセスの修正に役立つ。そしてこれらのケア・サイクルにおいて各段階において反復することも多い。

図２－９　医療提供のバリュー・チェーン

ノウハウの開発	（診断実績の評価と追跡，スタッフ／医師の研修，技術開発，診療プロセスの改善）					医療提供者の利益
情報提供	（患者教育，患者へのカウンセリング，治療に先立つ教育プログラム，患者のコンプライアンスに関するカウンセリング）					
患者評価	（検査，画像診断，カルテ管理）					
アクセス	（外来受診，検査受診，入院加療，患者の搬送，訪問看護，遠隔診療）					
モニタリング／予防 ・病歴 ・検診 ・リスク因子の特定 ・予防プログラム	診断 ・病歴 ・検査項目の特定と準備 ・データの解析 ・専門家との相談 ・治療計画の決定	準備 ・チームの選択 ・介入前の準備 検査前 検査後	介入 ・投薬の指示実施 ・処置の実施 ・カウンセリングセラピーの実施	回復／リハビリ ・入院患者の回復 ・入院患者と外来患者のリハビリ ・治療の微調整 ・退院計画の作成	モニタリング／管理 ・患者のモニタリング／管理 ・治療へのコンプライアンスのモニタリング ・生活習慣改善のモニタリング	

出所：Porter & Teisberg（2006）邦訳 p.308。

社会保障制度改革国民会議報告書は，医療・介護サービスの提供体制改革を川上から川下までのネットワーク化と述べており，発症から入院，回復期（リハビリ），退院までの流れをスムーズにしていくことで早期の在宅・社会復帰を可能にするとしている。

この川上から川下までのネットワーク化は，相互に依存する活動であり連結したシステムである。これは病院間などのリンケージ（連結）により関係者間の関係を最適化することで競争優位が得られるものであり，バリューチェーンとしてとらえることができる。

診療機能別の疾病の発症と診療機能別の，川上から川下へのネットワークは以下の流れになる。①健康診断，健康増進による疾病の予防と早期発見，②発症時の急性期医療と入院，③回復期におけるリハビリテーション，④慢性期医療施設での介護，⑤在宅支援による介護地域医療ビジョンを策定。こうして病床機能の見直しによる医療機関の自主的な機能分化と連携の推進を背景として，診療機能における川上から川下までのバリューチェーンにおいて，各医療機関の担う役割を見直す。そうしたうえで診療機能の変更も場合によっては必要になろう。

図２－10　医療における川上から川下までの流れ

8　資源ベース・アプローチ

持続的競争優位の差異の源泉を，企業の内部に見る資源ベース・アプローチ（リソースベーストビュー Resource-Based View（RBV））は，企業が所有する生産資源は個々の企業によって大幅に異なっており，それらは企業がたとえ同一業界にあっても根本的に異質であることを前提にしている。

このように企業を生産資源の束と見ることはペンローズ（1959）が唱え，会社は生産資源の集合体であり内部資源によって企業成長がもたらされるとしている。

資源ベース・アプローチの登場背景は次のようなものである。1980年代に，企業の外部環境に目が向けられ，企業の内部経営資源の要因が軽視された後に，1990年代から，企業の内部経営資源の重要性に再度目を向けた研究が登場した。

企業間の収益格差を決定する要因は，「参入障壁」，「移動障壁」，「独自障壁」の３つのレベルの模倣障壁のうち，「独自障壁」が資源ベース・アプローチの前提となるものである。

(1) 参入障壁

参入障壁は，産業レベルの模倣障壁であり，ある業種への他企業の新規参入を妨げるその業界固有の特性で，規模の経済性・製品差別化・業者変更コスト・コスト上の利点・流通チャネルとの関係・資金力・政府の方針などである。「参入障壁」である産業レベルの高収益は，新たな競合企業がその産業に参入することを困難にすることによって保たれる。

わが国の病院経営における「参入障壁」は，社会的規制による，二次医療圏ごとの「病床規制」によって，新たな病院開設ができないことが典型的な「参入障壁」となるほか，病院長は医師であること，専門職種別免許制度による規制などによって，他産業が病院経営に簡単に参入できないことが相当する。

(2) 移動障壁

移動障壁は，業種内における戦略グループ間の模倣障壁であり，戦略グループ間の移動を制約することで，戦略グループ間の収益格差が維持される。

わが国の病院経営における「移動障壁」は，社会的規制による，二次医療圏ごとの「病床規制」によって，病院の増設ができないことで，規模の拡大を図れず，中小病院が大規模病院へ移行できないことが相当する。

(3) 独自障壁

独自障壁は，「各個別企業を特徴付ける資源」として，産業レベルの模倣障壁や，戦略グループ間の模倣障壁に対して，同一事業間の模倣障壁であり，他企業に対し持続的競争優位を保持することを可能にする資源障壁である。この「個別企業レベルの模倣障壁」を持っている企業は「資源ポジション障壁」に保護されているとしている。

資源ベース・アプローチは，「個別企業レベルの模倣障壁」を分析することであり，個別企業の持つ持続的な競争優位を探るものである。

病院経営においても，一般企業同様に内部経営資源や組織能力の違いによる，「個別病院間レベルの模倣障壁」は存在する。個別企業が有する持続的な競争優位は，資源の希少性と模倣の困難性がもたらすものであり，他社が容易に模倣可能なものは，持続的な競争優位の源泉とは言い難い。「隔離メカニズム」・「資源ポジション障壁」による，模倣の困難性は，資源が物理的に複製不可能であること，時間をかけなければ獲得できない経路依存性（Path-dependency）があること，因果関係不明であること，独自の歴史的条件があることによってもたらされる。

病院経営における「隔離メカニズム」・「資源ポジション障壁」による，模倣の困難性は，物理的に複製不可能なものとして，病院の立地そのものがある。経路依存性は，診療現場における診療手順，看護手順などが相当する。独自の歴史的条件は，病院開設から今日までの経過年数の違いや，病院設立背景の違いが相当する。

内部経営資源は，病院も一般企業と同様に，人・物・金といった一般的な目に見えるタンジブルな資源のみでなく，目に見えないインタンジブルな資源，技術力やブランド，特殊な専門能力や独特の組織文化も含んでいる。病院経営における内部経営資源は，いわゆる「ヒト」「モノ」「カネ」があり，これらは先行研究で見られる有形資源，無形資源，人的資源などに分類が可能である。以下で内部経営資源の分類の整理を行う。

(4) 内部経営資源の分類

企業が所有する内部経営資源を研究者はいくつか具体的にあげたうえで分類している。ここでは内部経営資源を大きく，有形資源，無形資源，人的資源の３つに分類したうえでそれらの内容を述べていく。

①　有形資源

有形資源は，企業内で用いられ企業のバランスシートに記載される資源であり，具体的には，流動資産である財務資源の現金，有価証券などと，原材料，固定資産である工場，不動産，生産設備などが含まれ，併せて，企業の地理的な立地，原材料へのアクセスなどがある。

②　無形資源

無形資源は，バランスシートに記載されない資産であり，具体的には，特許や商標，蓄積された学習や経験，技術的知識，特許・著作権，企業秘密，会社の評判，ブランドネーム，企業文化などがあげられる。

③　人的資源

従業員の技能，ノウハウ，意思伝達，協働能力，動機，個々のマネージャーや従業員が保有する経験・判断・知性・人間関係・洞察力などがあげられる。

	有形資源	無形資源	人的資源	組織資本
Penrose（1959）	工場，設備，土地，原料，在庫	－	従業員他	－
Barney（1991）	工場，設備	－	マネジャー，従業員の保有する経験・技術	組織構造，管理調整システム
Collis & Montgomery（1998）	不動産，設備，原材料	会社の評判，ブランドネーム，特許・商標，経験，学習	－	－
Grant（2007）	資金，有価証券，工場，設備，土地	技術（特許，著作権，企業秘密）企業文化	従業員の技能，ノウハウ，意思，伝達，協働能力，動機	－

(5) 組織能力について

組織能力（Organizational Capability）とは，企業が持っている経営資源を活用するものであり，経営資源を蓄積・統合・活用して，製品・サービスを生み出す力である。この組織能力は，各々の企業によって異なる企業特有の能力であり，他社が真似しにくいような組織ルーティンの束を指し，組織学習によって構築され，企業間に競争力の差をもたらすものである。そして組織能力は，組織がインプットをアウトプットに変換するために用いるプロセスの組み合わせであり，磨きあげられた組織能力は競争優位の源泉になる。

①　組織能力の階層性

企業が持っている組織能力には大きく２つの階層が存在している。

１つは，機能別あるいは事業部門別の現場の管理者が責任を負うオペレーションやルーティンなどである「オペレーション能力」であり，もう一方は，現場のオペレーション・ルーティーンの組織能力を横断して統合する能力であり，トップマネジメントが行う経営全般に係わる組織能力の「マネジメント能力」である。

病院組織の組織能力の階層レベルは，専門職である医師他のメディカルスタッフが治療・診療の現場において経営資源を活用する「オペレーション能力」と，病院組織において，企画，予算，人事などの経営全般に係わる組織能力を活用する「マネジメント能力」に大きく分けることができる。

	オペレーション能力	マネジメント能力
Teece（2007）	現場の管理者が責任を負うオペレーション，ルーティン	企業のトップマネジメントが行う
Grant（2007）	専門化された能力，健康診断，患者の診断，手術前後の看護	病院経営，サポート機能
藤田（2007）	個別的組織能力 （機能別能力，事業部門別能力）	総体的組織能力 （個別的組織能力の総合力）

(6) VRIO 分析

企業の持つ内部経営資源のうち，持続的な競争優位の源泉となる資源について，バーニーは VRIO 分析によって分析することを提唱している。VRIO 分析は次の４つの分析対象の頭文字から来ている。

VRIO 分析

価値ある資源（Value）

企業の経営資源が充分に経済的な価値があると顧客に認識されているかどうかを分析する

希少な資源（Rarity）

企業の経営資源が市場において希少性を発揮しているかどうかを分析する

模倣困難性（Imitability）

企業の経営資源が模倣されやすいかどうかを分析する。

組織特性（Organization）

企業の経営資源を有効に活用できる組織体制になっているのかどうかを分析する

(7) コア・コンピタンス

企業が独自に持つ技術や知識の集合体であり，競合他社を凌駕するような中核的な組織能力のことである。このコア・コンピタンスは組織内学習を通して生まれ，これらを獲得・蓄積・発展させることが競合企業に打ち勝つ競争優位の源泉となる。

このコア・コンピタンスを提唱したハメル・プラハラード（1994）は，コア・コンピタンスを形成する条件に次をあげている。

・顧客から認知される価値を生み出すこと

・競合他社が模倣することが難しいこと

・多様な市場へのアクセスが可能なものであること

コア・コンピタンスも大きくは資源ベース・アプローチとみることができる。資源ベースのうちでも競合企業が模倣困難な組織能力に重点を置いて理論展開を図っているところに特徴がある。

(8) ナレッジ・マネジメント

個人が有する知識を組織レベルに移転して，さらに組織が持つ知識を共有化し高めることで企業の競争力を高めようとする考え方である。

野中・竹内（1996）によって唱えられたナレッジには，個人が経験を通して暗黙のうちに持ち，明確な言葉や数字で表すことが難しいノウハウや技術などの「暗黙知」と，暗黙知を表出し，文字や文章で示したマニュアルなどの「形式知」の次元があると述べている。

組織において暗黙知と形式知が循環し新たなナレッジを生み出すプロセスを「SECI モデル」という。

図２－11　SECI モデル

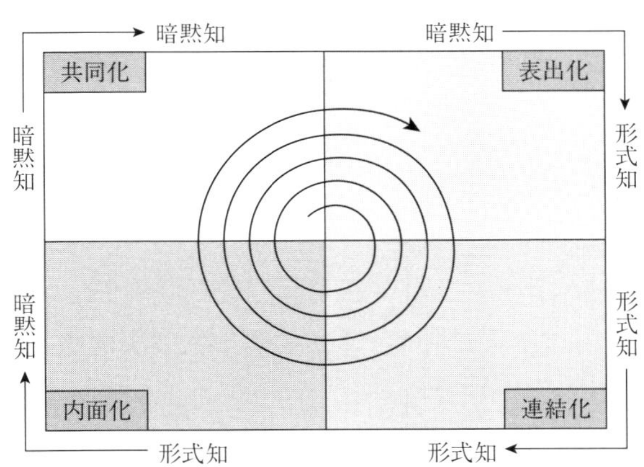

出所：野中・竹内（1996）。

(9) SWOT 分析

ハーバードビジネススクールのアンドルーズなどによって提唱された SWOT 分析は，登場からおよそ 50 年が経過しているが，現在でも経営分析手法として頻繁に活用されている。SWOT 分析は，企業の外部環境の分析（ポジショニングアプローチ）と企業の内部資源の分析（資源ベースアプローチ）を組合せて，企業のこれからの進むべき方向性を分析することが可能になる。

内部環境

強み（Strength）　　　その企業の持つ内部資源の強み

弱み（Weaknesses）　その企業の内部経営資源の弱み

VRIO 分析と組合せることで，より精緻な分析が可能になる。

外部環境

機会（Opportunities）　その企業にとっての外部環境における機会

脅威（Threats）　　　その企業にとっての外部環境における脅威

5フォーシズ分析を組み合わせることで，外部環境の脅威の分析はより精緻な分析が可能になる。

図2－12　競争優位の獲得と SWOT 分析

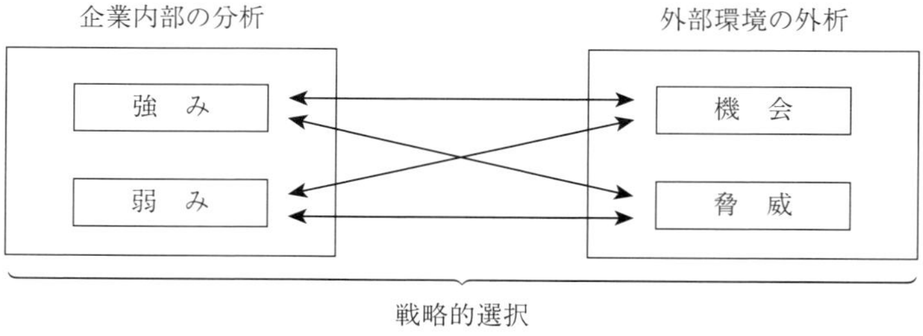

出所：Barney（2002）邦訳 p.47。

（10）多角化

これまでの市場とは異なる顧客層を対象に，新しい製品の開発やサービスを展開することが多角化である。アンソフ（1957）は，市場と製品の組合せによる「成長マトリックス」というフレームワークによって企業の成長戦略の類型化を行っている。

成長ベクトル　製品 － 市場マトリックス

表２－３　成長ベクトル　製品－市場マトリックス

製品 市場	現在	新規
現在	市場浸透	製品開発
新規	市場開発	多角化

出所：Ansoff（1965）邦訳 p.137。

市場浸透戦略

既存の製品・サービスを既存の市場において展開する戦略である。既存市場において売上げを伸ばすには，市場シェアを拡大する，需要規模を拡大する，という方向性がある。

市場開発戦略

自社の製品やサービスを今までに購入していなかった顧客層に提供する戦略である。たとえば，首都圏で販売していた製品を北海道で新たに販売することが相当する。

製品開発戦略

既存市場の顧客層に対して，新たな製品やサービスを提供する戦略である。新規の特徴を付け加える。既存商品と異なる製品を開発する。大きさや色などの異なる追加商品を開発する。

多角化戦略

新製品や新サービスなど，これまでと異なる新たな市場をターゲットとして事業展開するのが多角化戦略である。

（11）経営資源の配分と PPM（プロダクト・ポートフォリオ・マネジメント）

企業は成長戦略に基づいて多角化した事業方針を策定する。ここで事業方針

図2－13　BCGマトリックス

市場成長率 ＼ 相対的マーケットシェア	高	低
高	☆　STAR（花形）	☆　Problem Child（問題児）
低	¥　CASH　COW（金のなる木）	×　Dog（負け犬）

出所：Henderson（1981）邦訳 p.236。

の策定には経営資源の配分への計画が必要になってくる。経営資源のうち資金の配分と事業製品別の戦略を分析する手法としてPPMがある。

PPMは，1970年代にコンサルタント会社のボストン・コンサルティング・グループによって，クライアント企業からの要請に応えることで開発された。

PPMは，自社の事業群や製品群について，潜在的な成長率と相対的市場シェアの観点から各事業・製品のポジションを明確にして，企業のキャッシュフローの創出と，どの事業・製品に投下すべきかについての意思決定に関する分析基準を提供する手法である。

①　PPM

PPMにおいては，各事業・製品のポジションはPPMマトリックスを用いて具体的に表現される。PPMマトリックスは，縦軸に事業・製品の属する市場の年間成長率，横軸に事業・製品の相対的市場シェアを取って，自社の事業群や製品群のポジションを描いたものである。

PPMマトリックスでは，相対的市場シェアの高低と市場成長率の高低によって，事業・製品が4つのグループに分類される。4つのグループにはそれぞれの特徴を表すおもしろい名称が与えられている。

花形商品（Star）

高成長で高シェアのセル　シェアが高いため利益率が高く資金流入も多くもたらすが，成長のための先行投資も必要であり，短期的には資金の創出源とはならない。長期的には成長率の鈍化に伴って「金のなる木」となり，次の「花形商品」を育成する資金源となる可能性がある。

金のなる木（Cash Cow）

低成長で高シェアのセル　シェアの維持に必要な再投資を上回る多くの資金流入をもたらすので，他の事業群・製品群の重要な資金源となる。

問題児（Problem Child）

低成長で低シェアのセル　　資金流入よりも多くの投資を必要とする部門であり，企業の選択肢として，積極的投資によって「花形商品」へ育成するか，放置して「負け犬」としてポートフォリオから削減するかの戦略を取る。

負け犬（Dog）

低成長で低シェアのセル　収益性は長期的に低水準であるが，市場成長率も低いため資金流出も少ない。

②　PPM から見るこれからの戦略

事業群・製品群の配置から今後の事業群・製品群は何をなすべきか示唆してくれる。それは次の４つの代案がある。

拡大せよ（build）

ここでの目的は，短期的に利益を損なっても事業群のシェアを拡大することである。この代案は「花形商品」になるためにシェア拡大を図る「問題児」にとって適切な対策である。

維持せよ（hold）

ここでの目的は，事業群のマーケットシェアを維持することである。特に継続的に大きな資金流入をもたらす「金のなる木」に適切な対策である。

収穫せよ（harvest）

ここでの目的は，長期効果にかかわりなく短期資金流入を増大することである。将来性は分からないが，そこからより多くの資金流入が必要な弱い「金のなる木」に適切な対策である。同様に「問題児」「負け犬」にも使える。

撤退せよ（divest）

ここでの目的は，資源をほかで有効に使うために事業を売却するか清算することである。これは，「負け犬」以外にも，会社の将来成長のために資金投入見送りを決めた「問題児」にも適応できる。

各事業群・製品群はライフサイクルを持っており，PPM マトリックスの上を経時的に移動する。事業群の多くはまず初めに「問題児」で出発し，やがて成長に伴って「花形商品」となり，成長率の鈍化につれて「金のなる木」となり，やがては「負け犬」となろう。

(12) ダイナミック・ケイパビリティ

企業が競合企業に打ち勝つための持続的競争優位を得るためには複製困難な知識や資産を所有することが必要であるが，さらにダイナミック・ケイパビリティが必要である。ここでダイナミック・ケイパビリティとは，企業独自の資源ベースを継続的に創造・拡張・改良・保護し価値ある状態に維持するために利用される。ダイナミック・ケイパビリティは次の 3 つに分解される。①機会・脅威を感知・形成する能力，②機会を生かす能力，③企業の有形・無形資産を向上させ，結合・保護し，再構成し競争力を維持する能力。

ティース（2007）は，ダイナミック・ケイパビリティは企業の持つ経営資源を維持するだけではだめで，外部環境の機会・脅威を感知しそれらに対応するように内部経営資源を変えていくことが必要であると唱えている。

図２－14　ダイナミック・ケイパビリティ

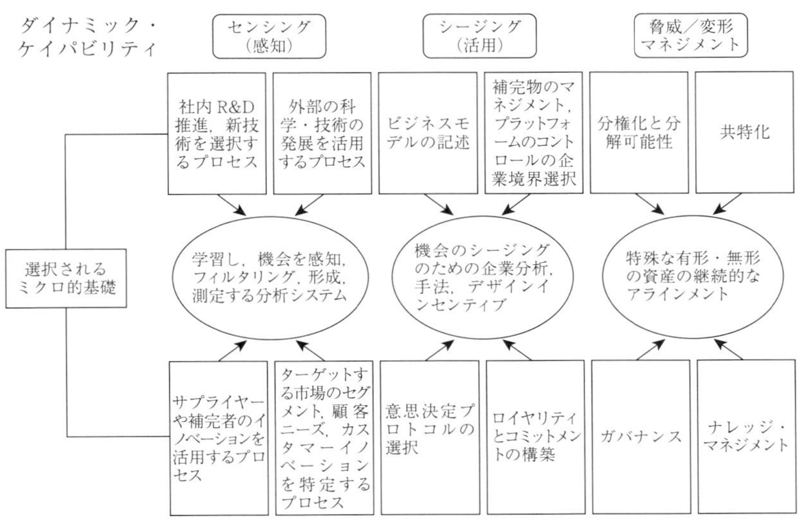

出所：Teece（2007）p.49.

参考文献

Abell, D. F.（1980）The Starting Point of Strategic Planning（石井淳蔵訳（2012）『事業の定義：戦略計画策定の出発点』千倉書房）.

Barney, J. B.（2002）GANING AND SUSTAINING COMPETITIVE ADVANTAGE, Pearson Education, Inc.

Chandler, A. D.（1962）STRATEGY & STRUCTURE, Massachusetts Institute of Technology.（有賀裕子訳（2004）『組織は戦略に従う』ダイヤモンド社）.

Grant, R. M.（2007）Contemporary Strategy Analysis, Blackwell Publishing Ltd.

Hamel, G. & Prahalad, C. K.（1994）COMPETING FOR THE FUTURE（一條和生訳（1995）『コア・コンピタンス経営』日本経済新聞社）.

Mintzberg, H., Ahlstrand, B. & Lambel, J.（1998）STRATEGY SAFARI（斎藤嘉則ほか訳（1999）『戦略サファリ』）.

Nalebuff, B. J. & Brandenburger, A. M., Co-optition Linda Michaels Literary Agency, New York through Tuttle-Mori Agency, Inc., Tokyo（嶋津祐一・東田啓作訳（1997）『コー

ペティション経営』日本経済新聞社).

Porter, M. E. (1980) COMPETITIVE STRATEGY, The Free Press (土岐坤・中辻萬治・服部照夫訳 (1982)『競争の戦略』ダイヤモンド社).

Porter, M. E. & E. O. Teisberg (2006) Redefining Health Care, Harvard Business Press (山本雄士訳 (2009)『医療戦略の本質』日経 BP 社).

Saloner, G., A. Shepard & J. Podolny (2001) STRATEGIC MANAGEMENT, John Wiley & Sons, Inc.

Teece, D. J. (2007) "Explicating Dynamic Capabilities : The Nature and Microfoundation of (Sustainable) Enterprise Performance," Strategic Management Journal, Vol.28, No.13, pp.1319-1350.

青島矢一・加藤俊彦 (2003)『競争戦略論』東洋経済新報社.

網倉久永・新宅純二郎 (2015)『経営戦略入門』日本経済新聞社.

石井淳蔵・奥村昭博・加護野忠雄・野中郁次郎 (1996)『経営戦略論』有斐閣.

尾形裕也 (2010)『病院経営戦略論』日本医療企画.

小本恵照 (2008)「企業経営に与える産業要因と企業要因の相対的影響」『ニッセイ基礎研究所所報』Vol.49, pp.16-38.

楠木健 (2010)『ストーリーとしての競争戦略』東洋経済新報社.

特定非営利活動法人経営能力センター (2015)『経営学の基本』中央経済社.

特定非営利活動法人経営能力センター (2015)『マネジメント』中央経済社.

野中郁次郎・竹内弘高 (1995)『知識創造企業』東洋経済新報社.

藤田誠 (2010)『経営学のエッセンス』税務経理協会.

第3章 組 織 論

1　組織論について

(1) 組織論を学ぶ意義

今日，この本の読者をはじめ，ほとんどの方は何らかの組織に所属している。そして，経営学において組織理論は主要な科目と位置付けられており，ビジネススクール（経営学修士課程）においてもコア科目とされている。

なぜ，組織論が経営学あるいはビジネススクールのコア科目と位置付けられ，学ばれるのであろうか？

このことについてダフト（2001）は，次のように組織理論を学ぶことの意義を述べている。

「組織理論は学者たちが組織を系統的に研究してきた結果から発展してきた。さまざまなコンセプトが生きた動きをする組織から得られている。組織理論は実際的なものであり，さまざまに生じてくる組織のニーズや問題を人々が理解し，診断を下し，対応する役立つもののである。

会社のマネジャーは，組織が環境とどのように関係しているのか，また内部でどのように機能しているか十分に理解していたわけではなかった。しかし，組織論に精通しておけば，マネジャーが状況を分析し，会社の競争力の維持に必要な変革について診断する助けとなる。

組織論は企業の過去に何が起こり，将来どのようなことが起こるかを理解し，説明するのに役立つことで，自分の組織をより効果的に運営管理していくことができるのである。」

組織理論の研究は，実際の組織を対象に行われており，さらにそこで得られた理論は，実際の企業で検証されている。そのため，組織論を学ぶことで実際の組織運営に役立つ多くのヒントを見いだすことができるため，大学の経営学部，大学院ビジネススクールで広く学ばれているのである。

(2) 組織理論の分析レベル（階層）

組織の分析レベルには，大きく4つの階層に分けられる。それらは大きなレベルから，

- 外部環境を形成する組織間関係構造としてのある種の共同体レベルの分析単位
- 組織レベルの分析単位
- 組織に属するグループレベルの分析
- 組織に属する個人レベルの分析

となる。

図3－1　組織の分析レベル

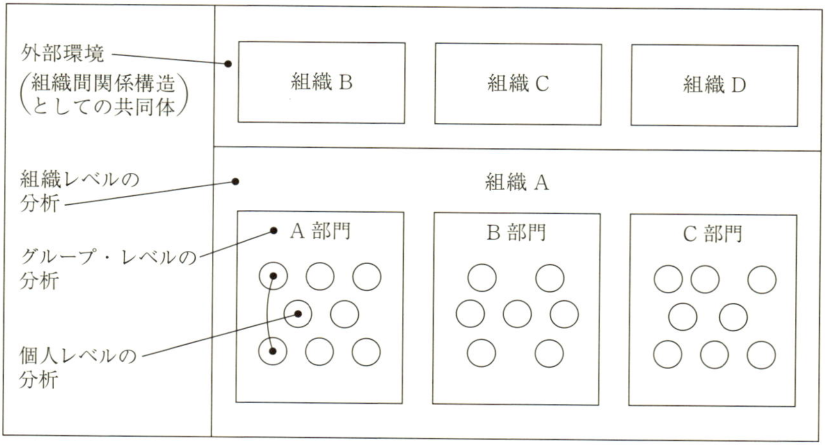

出所：Daft（2001）邦訳 p.26。

組織理論は，組織レベルの分析が中心となるが，組織を取り巻く外部環境レベルにも目を向けるほか，組織を構成する部門やグループにも目を向けている。一方，個人は組織の集合体として考慮されるが，個々人は分析の焦点とはならない。

このように，組織全体を１つの単位として分析し，外部環境，組織レベル，組織の部門，グループレベルでの構造や行動の違いに分析の焦点を置くものがマクロ組織論である。

これに対して個人の組織行動に焦点を当て，組織内の個人レベルの分析を中心に行うものがミクロ組織論である。ミクロ組織論である組織行動論は，モチベーション，リーダーシップ・スタイル，性格など組織内の人間同士の認知や感情的な違いにかかわるものがある。

この章では，マクロ組織論である組織単位の分析に焦点を当てて述べていく。

(3) 組織の定義

組織論を学んだことがある方であれば，組織の定義として次の文を読んだことあるいは聞いたことがあると思われる。

それは，バーナード（1938）が述べた次の文章である。

「組織とは，明確な目的のために２人以上の人々の意識的に調整された活動や諸力の複合体である。」

この文章が述べていることは，組織は１人では成立せず，少なくとも２人以上が必要で，明確な目的のため意識的に協働作業が行われる複合体であることである。

この２人以上の意図的に調整された活動の複合体について，桑田・田尾（2007）は「３人の男が道路の岩を動かすこと」を例に具体的に次のように述べている。

道に通行を妨げる岩が転がっている

Ａは家に帰るため，Ｂは恋人と待ち合わせのため，Ｃは銀行強盗をして追手から逃れるため，３人の男は岩をどけて道を通行する必要があった。しかし岩は大きく１人の力では動かすことができず，３人が協力したならば動かすことができるかもしれない。

この状況において，３人の個人的な目的とは別に「岩をその道からどける」という共通目的が存在する。このような状況において組織がつくられる契機がある。

岩を動かすためには，３人が全力で岩を押すという活動を提供しなければならない。岩を動かすには押す方向とタイミングを一致させ３人の力を同じ向きに同時に合わせる必要がある（相互作用）。これらの条件が整い，３人の提供する力が，意識的な調整によって，同じタイミングで同じベクトルを持って相互作用し，力が合わさった瞬間に組織が作られて岩を動かすことができる。

この事例を通して，組織とは岩が動き出してから，どけられるまでに存在する力を合わせた活動としての，意識的に調整された２人以上である３人の力の体系であることを理解することができる。

さらにダフト（2001）は組織について次のように述べている。

「組織とは，社会的な存在，目標によって駆動，意図的に構成され調整される活動システムであり，外部の環境に結びついている。そして，組織の要素は建物や方針や手続きではなく，組織は人々と人々の相互関係で成り立っており，人が相互作用により，目標の達成につながる基本的な機能を果たすとき組織が存在する。そのうえで，外部環境との結びつきは，部門間の境界のみならず，組織間の境界は従来よりも柔軟性を持ち，融合し合いながら，外的環境の変化に迅速に対応することが重要になっている。組織は顧客やサプライヤー，競争相手，その他の外部環境の要素と相互作用することなしに存在せず，競争相手と協力して相互利益のために情報や技術を共有し合う企業もある。」としている。

ダフトは，このようにバーナードが述べる組織を発展させ，組織は外部の環境と結びついているオープンシステムであることを述べている。今日の組織理論は，組織を取り巻く外部環境の影響を組織は受けたうえで，外部環境に影響を及ぼすオープンシステムであることを前提に理論展開が図られている。

図3－2 オープンシステムとサブシステム

	インプット	変換プロセス	アウトプット
環境：原材料，従業員，情報，財務資源			製品，サービス
サブシステム	バウンダリースパンニング	生産，保守管理 適応，マネジメント	バウンダリースパンニング

出所：Daft (2001) 邦訳 p.13。

(4) 組織の要素

バーナード (1938) は，組織は，①相互に意思を伝達できる人がいて，②それらの人々は行為を貢献しようとする意欲をもって，③共通目的の達成を目指すときに成立する。と述べており，組織の要素は，①伝達（コミュニケーション），②貢献意欲，③共通目的である。と述べている。

前述の岩を動かす３人を例に述べると，岩を動かすためには３人が協力する必要があり，そもそもの呼びかけには「コミュニケーション」が必要になり，タイミングを合わせて力を入れるのにも「コミュニケーション」は必要になる。「貢献意欲」は３人がそれぞれの力を発揮して岩を動かすという作業において必要になる。「共通目的」は岩を動かして道路を通行することで，この「共通目的」があることでお互いが協力することにつながったのである。このように岩を動かす状況が組織の三要素を満たしていることは理解できよう。

「共通目的」は，組織が成立する前提条件であり，組織の「共通目的」を実現するために自分の努力を提供する「貢献意欲」は，組織から提供される誘因（インセンティブ）との比較において「組織からのインセンティブ≧組織への貢献」の関係を組織構成員が判断した時に成り立つ。

そして，組織の目的の達成のための諸活動を調整するための「コミュニケーション」は不可欠である。コミュニケーションは，組織の形態や範囲を決定するものであり，重要な意味を持っている。

(5) 組織の存続

バーナードは組織の３要素のほかに，組織が成立し存続するための２つの基本原理を掲げている。それは，「組織の効率」「組織の能率」である。

「組織の効率」は，組織の目的を達成する能力あるいは達成の度合いを意味するものである。組織の目的が達成されなければ組織は存続しないであろう。そして，組織の効率は組織の環境条件と組織行動の適切さに依存している。組織の効率は組織が存続するために不可欠なものである。

「組織の能率」は，協働体系である組織の維持にかかわる概念である。これは組織の目的の達成に必要な各参加者の貢献を維持する能力のことである。組織の存続は，その目的を達成するのに必要なエネルギーの個人的貢献を確保し維持する組織の能力に依存している。

(6) 内部取引と取引コスト

ウィリアムソン（1975）は，市場と組織の２つの代替的取引様式のなかで，組織が選択されるのは取引コストの比較においてであると述べている。組織の拡大に伴う分業を行う手段として，組織外の市場によって経営資源を獲得するのか，あるいは組織内階層を通じて経営資源を得るかの選択はその取引にかかるコストの比較において決定することを述べている。

ここで取引コストは，取引主体の人の要因である「限定された合理性」と「機会主義」，そして取引環境の要因である「不確実性」によるとしている。

「限定された合理性」は，サイモン（1945）が提唱しており，人間の能力には限界があり「限定された合理性」の範囲内で合理的に行動するとしている。ウィリアムソンは「限定された合理性」のもとで取引コストを検討すると述べている。「機会主義」は，自己の利益につながれば状況に応じてあらゆる手段を利用するため，行動の多様性が発生することになる。

市場取引によって発生する取引コストを節約回避するための手段として組織内取引が発生することになる。これは市場取引を組織内に置き換えようとするものであり，取引を内省化することである。事例として垂直統合によって川上の事業を統合することで，仕入代金を削減するものがある。

このようにウィリアムソンは市場と組織の２つの選択の中から取引コストの存在を通して組織が形成される理由を説明している。

2　組織デザイン

あらゆる組織は，どのような組織構造にするのかという問題に直面し，組織の発展に伴い組織の再編成を経験する。組織の取りうる戦略に合わせて，あるいは組織を取り巻く外部環境に対応するため組織構造を変えることになる。

このように個々の組織は，その組織の発展と外部環境に合わせて組織構造を変えていくのであり，ある組織にとって最適な組織であっても，他組織によっては必ずしも最適な組織ではないことから，組織論においては「唯一最善の組織はない」といわれている。

組織デザインは，従来型の組織デザインで分類すると，集権的な組織である職能別組織，分権的な組織である事業部制組織，両者を統合したマトリックス組織がある。

（1）官僚制組織

ウェーバーは，合理的・合法的支配として，特定の目的のために権限の行使が規則と手続きによってなされる官僚制と呼ばれる効率的な調整と統制の支配形態について述べている。官僚制の特徴は，職務の階層に基づく分業による権限範囲の規定，職務は明文化された規則により遂行，文章化された記録にあり組織構造における要因である階層と分権について表している。今日の組織は，規則や手続きなどの官僚制の特徴を有しているものがほとんどである。

(2) 職能別組織

職能別組織は，生産，販売，経理，人事などのように同種の専門的な知識を必要とする職能別に分化され部門化されている組織形態をいう。

図３－３　職能別組織

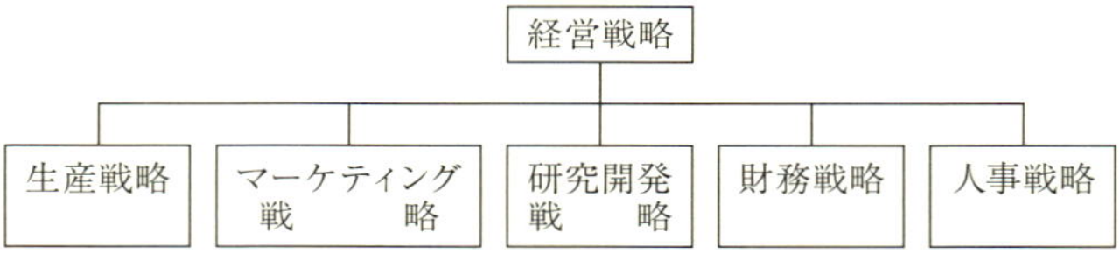

経営戦略
- 生産戦略
- マーケティング戦略
- 研究開発戦略
- 財務戦略
- 人事戦略

出所：石井ほか（1985）p.12。

職能別組織の特徴は，特定の活動に関する職員の知識技能が統合され，専門的な知識や情報の収集と専門家の育成が容易になる。生産や販売を一括して各部門で行うため，設備や人員の集中利用が可能になり効率化が図れる。組織のために価値のある付加価値の提供が可能になる。各部門間の調整はトップマネジメントが行うため，中央集権的な管理が行われる。一方で，トップマネジメントの負担が大きく，職能部門間の調整コストが大きくなる。職能的な専門家は養成されても，各職能を総合して企業経営を行う全社的経営者の能力要請はされにくい。

職能別組織の長所

・各機能部門内で規模の経済性が図れる。（重複や無駄を省くことによる）
・知識や技能の開発を深く進められる。
・組織が機能別の目標を達成できる。
・単一もしくは少数の製品数において最も効果がある。

職能別組織の短所

・部門間調整が必要な環境変化への対応が遅れがちになる。
・意思決定の負担がトップマネジメント階層にかかりすぎ迅速な対応が不可となる。
・部門間調整が乏しくなりイノベーションが起こりにくい。
・各従業員にとって組織の全体像がつかみにくい。

水平方向と連結する職能別組織

最近の組織デザインは，従来よりもフラット低階層で，水平方向重視の組織構造に向かう傾向がある。水平方向の連結システムであるネットワーク組織，プロジェクトチームなど活用して職能別組織の持つ垂直の階層構造の欠点を，補っている組織も多くみられる。

（3）事業部制組織

事業部制組織は，製品別事業部，地域別事業部，市場別事業部などに，業績責任単位としての事業部に分化され，これらの事業部が本社によって全般的に管理されている組織デザインである。一般的に，利益センターとして予算損益責任の包括的な決定権限が与えられている分権的な組織であり，本社は全体の方針を決定し，各種の経営資源を配分し，各事業部はそれら資源を獲得する必要がある。

図３－４　事業部制組織

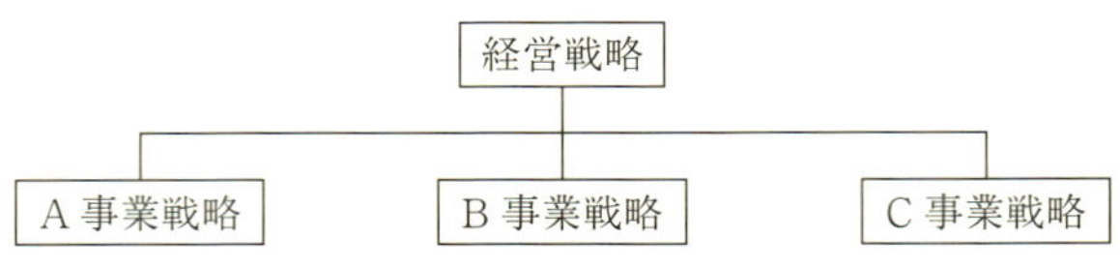

出所：石井ほか（1985）p.12。

事業部制組織の長所

・経営環境の変化へのすばやい対応が可能である。

・事業部内の機能別組織の調整がうまくいく。

・各製品を個々の顧客や地域の求めている条件への適合が可能である。

・意識決定が分散されている。

事業部制組織の短所

・組織としての規模の経済を失うことになる。

・事業部間の調整が難しくなる。

・技術の専門性が欠けてしまうことになる。

・短期的な業績志向に陥りやすい。

（4）マトリックス組織

職能別組織の垂直的階層のうえに，公的に認められた水平的な影響力，コミュニケーションを重ね合わせたモデルである。これは規模の経済性を追求の要求を満たす職能別組織と，多様化した需要への効果的な対応の要求を満たす事業部制組織のどちらか一方の組織構造で調和が難しくなった時に，１つの解決策としてマトリックス組織が登場する。

マトリックス組織は，水平方向の連結性が強く，独特の特徴として，製品部門と機能部門である横と縦の構造の双方が同時に設けられていることにある。そのため製品部門マネジャーと機能部門マネジャーが組織内に存在し，従業員は両方のマネジャーからの指示を受けることになる。

図３－５　マトリックス組織

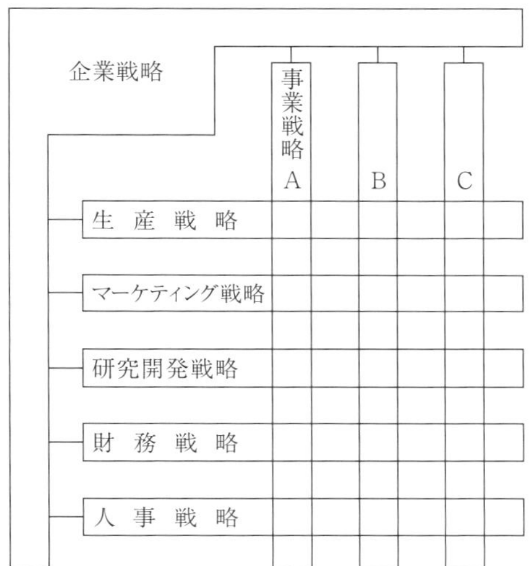

出所：石井ほか（1985）p.12。

マトリックス組織の長所

・顧客からの二通りの要求に応えるのに必要な調整ができる。
・人的資源を複数の製品間で融通し合える。
・複雑な意思決定や不安定な環境において変化へ対応できる。
・機能面および製品面のスキル開発チャンスを与えられる。
・複数の製品をつくる中規模の組織に最も適している。

マトリックス組織の短所

・従業員は二重の権限下に置かれることで混乱を引き起こす。
・頻繁な会合や葛藤処理に時間が必要となる。
・仕組みをよく理解しないと，上下関係，同僚との協力関係に問題が生じる。
・パワーバランス維持に努力を要する。

(5) ヘルスケア組織の職能別組織

ヘルスケア組織の単体組織としての病院の組織デザインは職能別組織が多い。

病院組織は大きく分けて，診療部・医療技術部・看護部・事務部で構成され，このうち診療部・医療技術部・看護部が実体活動を担当する現業部門であり，事務部門は総務・人事・経理といった経営管理に係わる業務と用度・施設・医事・ハウスキーパーなどの現場サービスを担当する部門に分けることができる。

病院組織の現業部門の業務は以下のようなものである。

診療部は，臨床医学の医師を集めた組織であり，標榜科目の診療科は各科ごとに独立した存在である。診療各科には責任者としての部長はいるが，個別の患者の治療に関しては主治医が全責任を持っている。すべての診療行為が基本的に医師の指示に基づいて行われる医療技術部は，薬剤部・放射線部・検査部・リハビリテーション部・栄養科などで構成される

薬剤部は，病院内の医薬品を管理し，医師の指示に従い調剤などを行う部門である。放射線部は，画像診断，核医学，放射線治療などを担当する部門である。

検査部は，入院や外来で発生する臨床検査を行う部門である。

リハビリテーション部は，障害によって失われた能力を，最大限に回復させるリハビリテーションを担当する部門である。

栄養科は，治療の一端を担う，病院の食事を提供する部門であり，管理栄養士・栄養士と調理スタッフにより構成される。

看護部は，入院および外来において看護サービスを提供する部門である。看護部門を構成する職員は各病棟に看護師長，看護主任，保健師，助産師，看護師，准看護師，看護助手，クラークなどがいる。看護師は病棟，外来，中央診療施設などあらゆる部署に配属されており，人数も病院組織のなかで最大の部門である。その業務は「看護」と「診療の介助」である。

事務部門は，外来事務，病棟事務，検査事務などの医療サービスの補助業務と，診療報酬請求にかかわる業務，総務，経理，人事，企画調査などの経営管

図３－６　聖路加国際病院組織図（1939年）

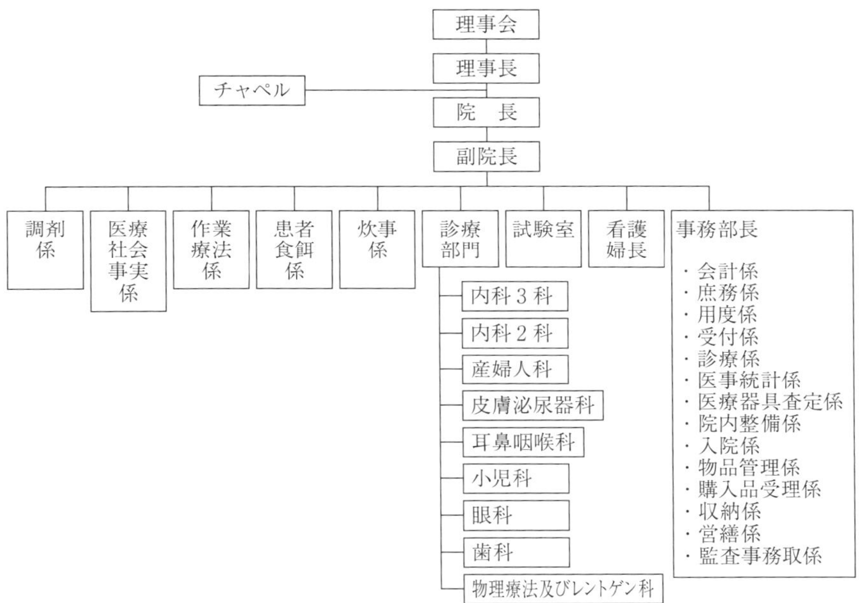

出所：『聖路加国際病院八十年史』p.29 記載内容を基に筆者作成。

理業務を行っている。

このほかに労務部門として，病院の清掃，備品管理，リネンの補給管理などのハウスキーピングを行う部門もある。

(6) ヘルスケア組織の事業部制組織

ヘルスケア組織の事業部制組織は組織運営母体において事業部が形成される。それは組織運営母体の医療法人あるいは学校法人などのもとで，いくつかの事業に分かれたものである。事例として医療法人が運営する病院事業，介護事業，クリニック事業などを運営しているものが，ヘルスケア組織の事業部制組織となる。

図３－７　学校法人聖路加国際大学の組織図

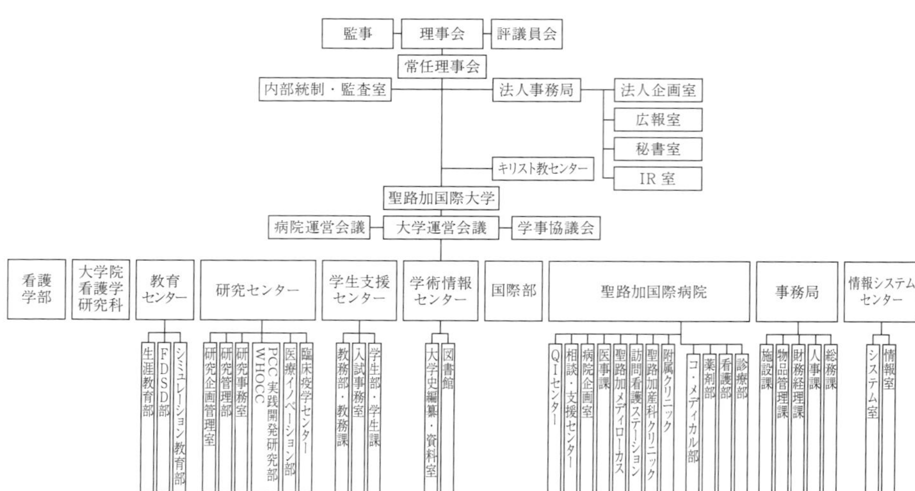

出所：学校法人聖路加国際大学ウェブサイトより。

3　組織のライフサイクル

組織の成長と変化について考慮する際に組織のライフサイクルの考えが用いられる。組織のライフサイクルは，組織が生まれ，成長して年を取り，最後は死に至るという人間の人生と同様の流れを示唆するものである。

組織の構造や管理システムなどは組織のライフサイクルの各段階を通して予測することができる。ライフサイクルの各段階は，ほぼ決まった順番で現れ，自然な形で発達する流れをたどっている。

(1) ライフサイクルの発達段階

ダフト（2001）は，組織のライフサイクルを４つの主要段階が組織の発達段階を特徴付けると述べている。４つの発達段階は，起業家段階，共同化段階，公式化段階，精緻化段階である。

各段階はそれぞれの特徴があり，各段階の危機を乗り越えたうえで，次のステージへ移行している。組織はその成長過程においてライフサイクルの各段階を通過し，各段階にはそれに関連する組織構造，コントロールシステム，目標，イノベーションの特徴がある。組織のライフサイクルの考え方は，組織の直面する問題や，マネジャーが組織を次の段階へ移行させるために前向きな対応方法を検討する際に用いる有効な概念である。

図３－８　学組織のライフサイクル

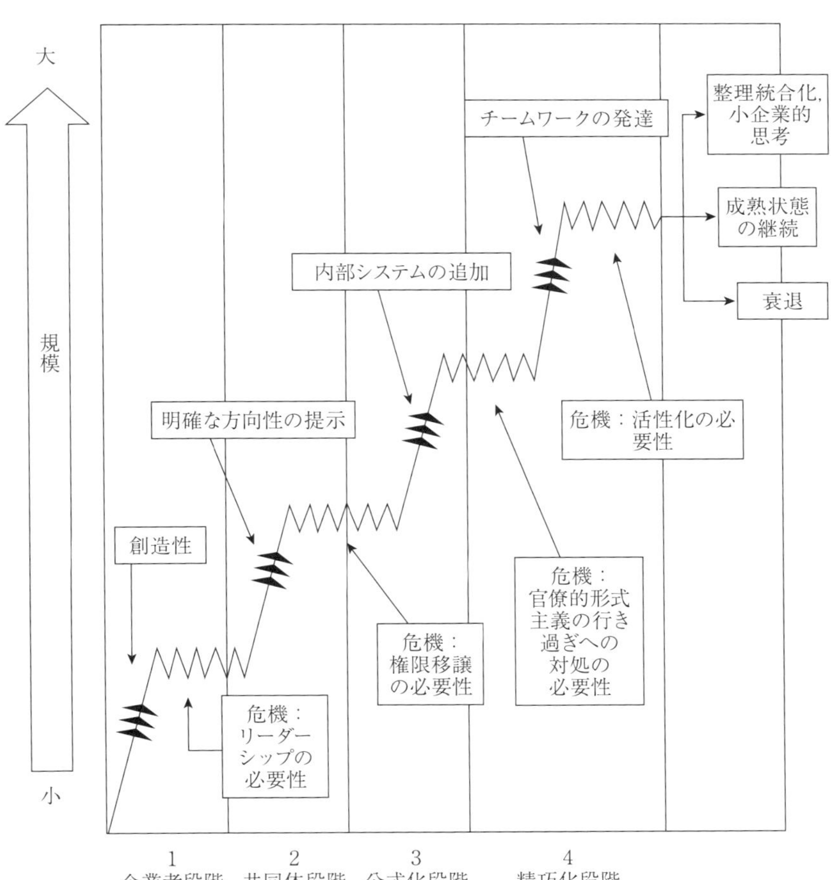

出所：Daft（2001）邦訳 p.167。

① 起業家段階

組織の誕生時には，組織は小さく，そのスタイルは非公式で非官僚主義的でワンマンショー的であり，トップマネジャーが組織構造とコントロールシステムを手がける。組織の存続と単一の製品サービスの開発と市場での生き残りに重点が注がれる。労働時間は概して長い。成長は創造的な新製品や新サービスによってもたらされる。

危機：リーダーシップの危機

組織が成長しはじめると，従業員数の増加が問題を引き起こす。創造力にあふれた技術志向の経営者は，マネジメント上の問題が発生しても，製品の製造販売や新製品・サービスの開発ばかりに精力を注ぐ傾向にある。このような危機に際して起業者は成長が継続できるように組織構造を調整するか，有能なマネジャーを雇い入れることで対処することが必要になる。

② 共同化段階

組織の青年期にあたる。リーダーシップの危機が解消されると，強力なリーダーシップの下で組織は明確な目標と方向性を策定しはじめる。成長のペースは速く，権限の階層構造，職務の割り当てなど，当面の分業が確立し，事業部門体制が形成される。従業員は組織のミッションを意識するとともに，共同体の一員であると感じる。コミュニケーションとコントロールは，ある程度公式な実務手続きが現れ始めるものの，非公式なシステムが大半である。

危機：権限移譲の必要性

新しいマネジメント層によって組織運営がうまくいく過程で，従業員は強力なトップダウン型リーダーシップによる制約について徐々に意識するようになる。下位のマネジャー層は自分の職務分野への自信からより大きな裁量を求めようとする。ここで強力なリーダーシップとビジョンにより成功を収めたトップマネジャーが権限を手放したがらないときに危機が生じる。トップマネジャーによる強力なリーダーシップなしに各事業部門をコントロールする組織内メカニズムを見いだすことが必要になる。

③　公式化段階

共同化段階から次の公式化段階では組織は中年期にさしかかっている。官僚主義的な特徴のルール，手順，コントロールシステムが導入される。コミュニケーションは以前より少なくなり，公式化する。トップマネジメントは戦略や企画立案などの問題に携わるようになり，会社の業務活動はミドルマネジャーに任される。明確な階層構造と分業を確立する。主たる目標は組織内部の安定と市場の拡大である。トップマネジメントは権限委譲を行う必要がある。

危機：官僚的形式主義の行き過ぎ

組織の発達の公式化段階の時点では，システムや制度の増大により現場のミドルマネジャーが，組織内の体制に息苦しさを感じる頃には組織が官僚化している様子がうかがえる。現場マネジャーは本部スタッフからの意見の押し付けに不満を感じることもでてくる。イノベーションが制約されることもある。肥大化した組織は公式プログラムによる管理が複雑になってくる。

④　精緻化段階

成熟期の段階にある組織は大規模かつ官僚主義的で包括的なコントロールシステムやルール，手続きを有している。官僚的形式主義の行き過ぎへの解決策として，官僚主義のなかに協力とチーム志向の育成を試みる。協力体制を実現するために，職務や会社の部門間を横断して，プロジェクトチームやタスクフォースがつくられることもある。スモール組織の価値観と発想を維持するために小集団活動として，組織が複数組織に分割される場合もある。

危機：活性化の必要性

成熟に達した組織は一時的に後退期に入ることもある。組織が環境に適合せず，動きが鈍くなり過度に官僚体制化した場合は，刷新とイノベーションが必要になる。この時期にはしばしばトップ交代が行われる。

(2) 組織の発展段階モデル

チャンドラー（1962）は，企業組織の発展について次の命題を掲げている。組織構造は企業の成長戦略に従う。企業の戦略と企業構造の関連には段階的な発展の順序がある。そしてこれらから「組織は戦略に従う」という名言を残している。

そして，アメリカ企業の成長の段階についてチャンドラーは次のように述べている。

ほとんどの企業の始まりは，工場や営業事務所や倉庫のような単一の部局であり，1つの産業に属し，1か所に立地し，製造，販売，卸しのような単一の職能であった。企業の成長は，まず量的拡大が始まることで，管理部門の必要性が生じる。

次に地理的拡大の戦略により，同一産業，同一職能ではあるが異なった複数地域に立地する現業単位群が作られた。この単位間の調整，専門化，標準化などの管理上の問題を処理するために，職能部門の管理部局が編成された。組織の次の発展は垂直統合によるもので，同じ産業内ではあるものの，他の職能を吸収創設した。2つ以上の相互依存する職能間に流れる財の動きを調整するため，新しい管理上の問題が生じた。こうして予測，生産計画，生産設備能力の調整の技法が発達した。

最終段階は，製品多角化であり，企業は主力市場の衰退につれて既存の資源を利用するべく新しい産業に進出する。こうして製品多角化によって生じた新しい組織形態が事業部制組織である。

ガルブレイスとネサンソン（1978）は，組織の発展段階モデルについて，次のように述べている。単純な組織形態から出発した組織は多様性が増すにつれて新しい組織形態へ移行する。組織は職能を加え製品を増やし，地理的拡大を行い，それらに合わせて組織構造を変えるとしている。出発は単一職能と単一製品ラインだけの単純な組織構造である。組織構造は量的な拡大によって規模が増大すると分業が生じて分化する仕事の調整のために単一職能組織が生まれる。次に職能別組織は練り上げられて大規模な集権的企業である職能別組織となる。次に内部成長と買収によって関連事業の多角化を追求する企業は事業部制組織を採用する。

チャンドラー，ガルブレイスとネサンソンが述べることは，企業はいきなり事業部制組織を形成するのではなく，企業の規模と成長に合わせて，いくつかの発展段階があり，一般的には，単純組織から単一職能組織となり，職能別組織へ移行し，多角化によって事業部制組織に移行するのである。

図3－9 組織の発展段階モデルの要約

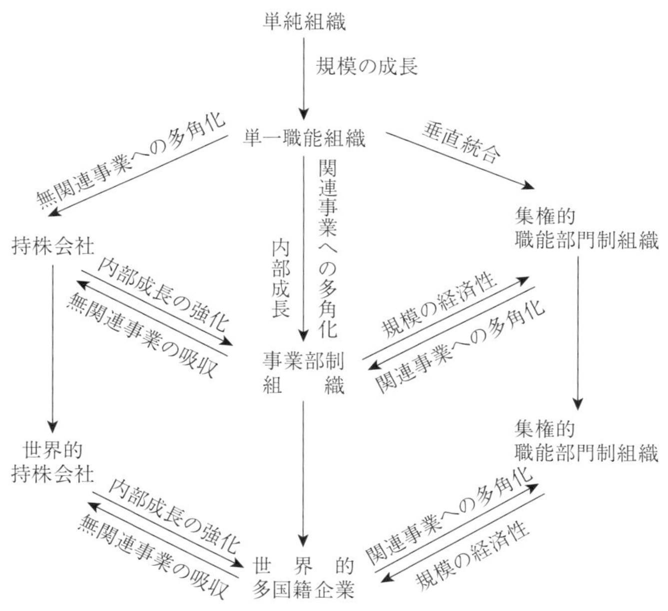

出所 Galbraith・Nathanson（1978）邦訳 p.139。

(3) ヘルスケア組織の発展段階モデル

一般事業会社と同様に，病院の組織デザインもいくつかの発展段階を有している。わが国の病院のおよそ7割を占める私的病院の多くの組織デザインは，以下のように発展してきた。

一条（1997）は次のように病院の組織デザインの変遷を述べている。1人の医師が開業し，診療所から始めて小規模病院になり，さらに規模を拡大していった事例が多い。民間病院が開業医（無床診療所），有床診療所，外来型小規模病院，大規模病院へと病院規模的にも機能的にも段階的に発展することは，資本主義経済において，個人企業が拡大し株式会社組織へと発展するのと同様であり，医療政策に即応しながら規模と機能を拡大させてきた歴史を有する。

また，中島（2007）は，病院組織の発展は成長とともに組織構造は，診療チーム，診療機能別組織，プロトタイプのマトリックス組織，職種部門別組織，事業部制組織，マトリックス組織へと6つのステージに進化したと述べている。

診療チームは1人の医師を中心とした個人診療所であり，企業組織の単一組織形態である。1人の医師が業務の命令・指示を全て行い，医療技術者・看護師も1人だけである。

診療機能別組織は，診療所や小規模病院で見られる組織デザインであり，企業組織が単一組織から職能別組織に移行する段階である。2～3人の医師がいて医師の診療機能を中心に組織が動いており，医師の専門分野や診療科別に次第に分かれはじめる。

プロトタイプのマトリックス組織は，中規模民間病院に見られる組織デザインである。医療技術の専門分化に伴い看護部門などが独立し，権限が一部委譲されるが，引き続き医師は業務や人事管理に関与する。診療機能と組織管理上の複数の命令系統が存在する組織である。

職種部門別組織は，中規模以上の病院に見られる組織デザインである。企業組織の職能別組織に相当する。

事業部制組織は，経営する組織が複数になり透析センター，循環器センター，救急センター，健診センターなどの独立性の高い戦略部門の事業部制組織となる。

マトリックス組織は，各事業部を統括する本部機構に職種別の統括責任者がおかれ，事業部間の専門職種別部門の管理を行うようになる。

ただし，一般企業で大企業の子会社化などに見られるように，最初から一定規模の資源や人員を擁して，職能別組織や事業部制組織で始まった企業もあるように，病院組織においても，国立病院機構立病院，地方自治体立病院，日本赤十字病院などは，個人が開設した診療所から発展した歴史を有さず，病院開設時から職能別組織でスタートした病院組織も多い。

4　組織の形態

組織を構成するさまざまなパーツは，組織の重要なサブシステム機能である生産や管理やマーケティングなどのマネジメント機能を果たすために設計される。ミンツバーグ（1981）によれば，どのような組織にも5つのパーツがあるとしているが，組織を構成する5つのパーツとは，テクニカルコア，トップマネジメント，ミドルマネジメント，テクニカルサポート，経営サポートである。

図3－10　組織の5つ基本要素

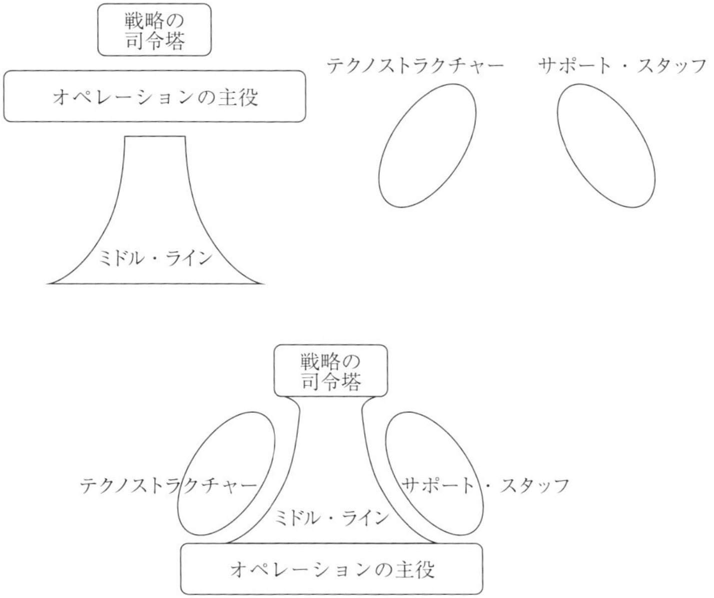

出所：Mintzberg（1981）邦訳 p.260。

組織はまずある考えを持った人間から始まる。この人間が司令塔でありトップマネジメントを形成する。そしてオペレーションの主役である組織の基礎的作業を担当する人々を雇用する。やがて組織が成長するにつれ，トップマネジメントとオペレーション実行者の中間に中間管理職のミドルマネジメントが形成される。このほか組織には２種類のスタッフ職が必要になる。第１のスタッフは仕事の公的な計画とコントロールに関するシステムつくりを担当する分析スタッフでテクノストラクチャーである。第２のスタッフはサポートスタッフで，組織の他の部分に対して間接的サービスを提供する。

テクニカルコアは，実際に組織の製品とサービスを産出する部門であり，このパーツに属する人々は組織の基礎的な作業を担う。組織がインプットしたものをアウトプットへと，主要な変換が行われる場である。

トップマネジメントは，明白なサブシステムとして組織全体あるいはほかのパーツに方向，戦略，目標，方針を与える。

ミドルマネジメントは，事業部門レベルで実行と調整の責任を負う。伝統的な組織では，テクニカルコアの橋渡しとして階層の上下への情報伝達の役割を担う。

テクニカルサポートは，組織が環境に適応するのを手助けする機能を担う。この部門に属する技術者や研究者には，外部環境に目を配り，問題やチャンスや技術開発がないかを探る役割がある。

経営サポートは，円滑な操業と物理的要素と人的要素を含む組織の維持を担当する。この部門には，人事部門や総務部門管理部門や保守メンテナンス部門などが含まれる。

現実の組織は５つのパーツが相互に関連し，１つ以上のサブシステム機能を果たす。マネジャーはほかのパーツの調整し指示を与えるが，経営サポートやテクニカルサポートにかかわることもある。ほかのいくつかのパーツは組織の外部環境との橋渡し役を務める。経営サポートでは人事部門が外部環境に働きかけ優秀な人材を見つける責務を負い，購買部門は必要な原材料，供給品を購入する。

(1) ５つのコンフィギュレーション

ミンツバーグは，５つのパーツを結びつけることで組織の全体像ができあがるとしている。組織構造の主目的は，多種多様に分割された仕事を調整することであり，調整方法によって組織がどのような形を取るのかが決まってくると述べ，次のような５つのコンフィギュレーションを掲げている。

５つのコンフィギュレーションとは，①単純構造，②機械的官僚制，③プロフェッショナル的官僚制，④事業部制，⑤アドホクラシーである。

このなかで，ヘルスケア組織である病院組織のコンフィギュレーションは，プロフェッショナル的官僚制であると述べその特徴も後述のように述べている。

①　単純構造

最も単純な組織で，直接の監督による戦略の司令塔で調整が行われる。CEO が命令を下し，最低限のスタッフとミドルラインしか持たない組織である単純構造が生まれる。

古典的な起業家的企業であり，何よりも多くのものが欠落している。行動はほとんど標準化も公式化も未整備であり，分析スタッフや調整機能のミドルラインも不要である。ダイナミックな環境においては有効であるが，生産方式の多様化への対応はできない。

②　機械的官僚制

作業プロセスの標準化による調整がすすめられる場合は，組織の全体管理構造は標準化を設計するテクノストラクチャーを拡充する必要があり，これにより機械的官僚制組織が生じる。

この組織は調整のための作業プロセスの標準化による非熟練職務と高度専門化した職務に重点が置かれる。ミドルスタッフには大きな管理階層が機能別に構築されている。トップマネジメントへの中央集権化のため，組織の環境も生産方式も複雑な状況下では対応が難しくなる。この組織は職能別組織である官僚制組織を意味するものである。

図３－11　５つのコンフィギュレーション

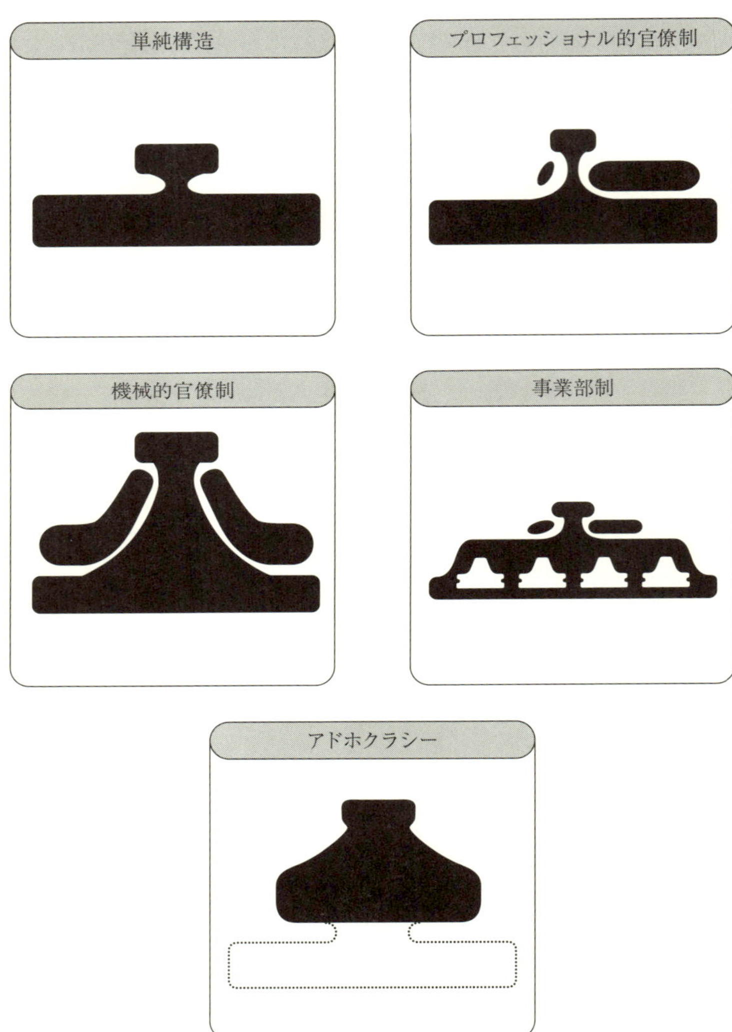

出所：Mintzberg（1981）邦訳 p.262。

③ プロフェッショナル的官僚制

病院組織はこのプロフェッショナル組織である。その他，学校や会計事務所などがこの組織構造である。この組織にはオペレーションの主役部分に熟練した専門職とそのサポートに当る相当人数のスタッフが必要になる。他方でテクノストラクチャーや管理層であるミドルマネジメントをそれほど必要としないプロフェッショナル組織の形態が生じる。

この組織のオペレーションの主役は，専門的訓練を受けたプロフェッショナルであり，スキルが高く仕事に対して大幅な権限を委ねられている。その結果，組織は分権化の程度が非常に高くなる。オペレーション面，戦略面において多くの意思決定権限はオペレーションの主役であるプロフェショナルへと働く。

④ 事業部制組織

組織はいくつかの並行的業務ユニットに分割されることがある。この場合，各ユニットのミドルマネジャーに自主性が認められ，これらの業務ユニットの業績などによって調整される。これが事業部制組織の出現したゆえんである。

組織が部門別に分かれる最大の理由は製品の多角化である。製品多角化が起きると組織は大きな製品系列ごとに市場ベースユニットである事業部をつくり，各事業部門に運営の自主性を委ねるようになる。

事業部制組織は，現在では大規模企業のほとんどで採用されている。

⑤ アドホクラシー組織

サポートスタッフに見識のあるスペシャリストを使い，相互調節により調整されたプロジェクトチームで共同作業を行う組織で，ラインとスタッフの関係が解消されたのがアドホクラシー組織である。

複雑なイノベーションが要求される環境下にあって，官僚制組織では柔軟性を欠き，単純組織では集権化すぎる。専門部署からスタッフを集め，スムーズに機能する創造的なチームにまとめ上げていくプロジェクト構造が必要であり，プロジェクトチームの構造であるこのアドホクラシー組織が登場することになった。

(2) 組織の分類　ヒエラルキー組織とネットワーク組織

組織の分類は，組織デザインによるもの，組織ライフサイクルによるもので分けることができる。これらの分類のうち，組織デザインによるものとして，ヒエラルキー組織と，ヒエラルキー組織の中にあってより柔軟性のある組織構造であるネットワーク組織に分類することができる。

佐藤（2003）は，これまでの研究をまとめたうえで，組織の分類を大きく，ヒエラルキー組織と，ネットワーク組織に分類してその特徴を述べている。

このなかでヒエラルキー組織は，その典型的な特徴として以下がある。

管理的命令による調整，タイトな関係，垂直的なコミュニケーション，職能志向，集権的意思決定，地位や規律によるコントロール，命令・服従関係などであり，官僚制組織，職能別組織，機械的組織などの組織タイプに類似する。

一方で，ネットワーク組織の特徴には，ダイナミックな結びつき，臨機応変な多対多の直接コミュニケーション，プロジェクト志向，分権的意思決定があ

表３－１　ヒエラルキー型組織とネットワーク型組織のデザイン特性

	ヒエラルキー型組織	ネットワーク型組織
意思決定	集権的 個人的	分権的 集団的
コミュニケーション	垂直的	水平的
コントロール	公式的・他律的	非公式的・自律的
組織編制	固定的	流動的
メンバー	固定的・専門的 均一・同質	流動的・総合的 多様・異質
リーダーシップ	固定的・権限や地位に基づく 命令指示的	流動的・知識や能力に基づく 創発誘導的
組織の境界	内部統制型 固定的・閉鎖的	提携・協力型 流動的・開放的

出所：佐藤（2003）p.18。

り，分権化組織，有機的組織，革新的組織，ネットワークなどの組織タイプに類似するものであると述べている。

(3) ヘルスケア組織におけるヒエラルキー組織とネットワーク組織

ヘルスケア組織において，この分類から見れば，ヒエラルキー組織は，病院組織の診療部，看護部，薬剤部，管理部など職能別に組織された職能別組織が典型的といえる。

一方，ネットワーク組織は，各種の委員会組織やプロジェクトチーム（たとえば医療機能評価受診プロジェクト，ISO 受診プロジェクト）や地域医療連携における医療連携ネットワークなどを上げることができる。

①　プロジェクトチーム

ある目的を遂行するために組織横断的に集められた人々によって編成された臨時的（アドホック）な活動集団のことであり，任務終了後に解散する期間限定の活動であることから，タスクフォース（機動部隊）といわれることもある。何らかの対応や問題が発生した時にそれらの問題などの解決を目的として編成されることが多い。

問題対処などからのチーム編成という受動的な編成動機から，新製品開発プロジェクトなど能動的な活動理由までさまざまである。

ヘルスケア組織においては，さまざまなプロジェクトチームが導入されている。プロジェクトチームを導入する目的はさまざまであるが，たとえば患者満足度向上のため，医療事故の防止のため，医療安全のため，クリティカルパスの作成のためなどの医療サービスの向上などの意図で実施されることが多い。プロジェクトチームは，ヘルスケア部門横断的にメンバーが編成され，各種委員会として運営されていることが多い。

②　ネットワーク組織

命令系統や権限や責任が明確な階層構造と異なり，相互理解や契約などの合意形成によって緩やかに結び付いた関係に基づく組織である。構成要素間の緩

図３－12　ヘルスケア施設のプロジェクトチーム図

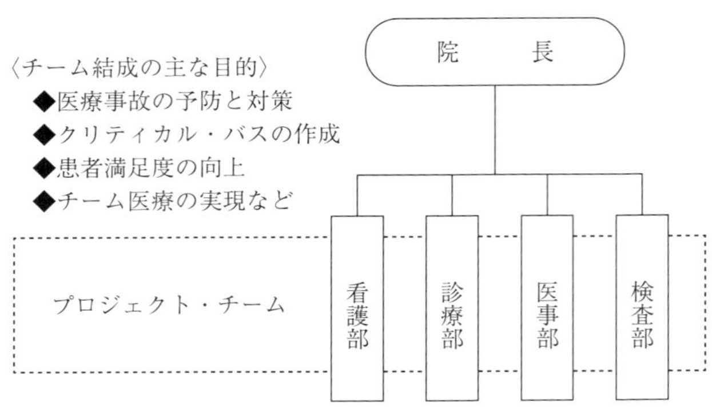

出所：福原（2004）p.82。

やかで自由度の高い関係概念であるが，ネットワーク組織と関係性を有する構成要素は複雑で多岐にわたる。

ネットワーク組織は，相互に経営資源の依存関係が存在し，協働活動の頻度が高く相対的に結び付きがタイトな関係もある一方で，ネットワークに参加する関係者の間の境界は曖昧な関係も多い。

③　地域医療連携

ヘルスケア組織におけるネットワーク組織の代表的なものは地域医療連携である。地域医療連携は地域のヘルスケア施設が相互に連携し，診療機能のすみ分けである機能分化を図ると同時に専門性を高めることで地域の医療サービスの効率化を図るものである。

地域における中核病院は，高額な検査機器と専門医など高度医療を提供する資源を保有するのに対して，診療所などの開業医は高度医療を提供する手段を持たないために中核病院が持つ医療資源に依存する関係から，地域医療連携が構築されるのである。

図3－13　ヘルスケア施設を取り巻くネットワーク組織

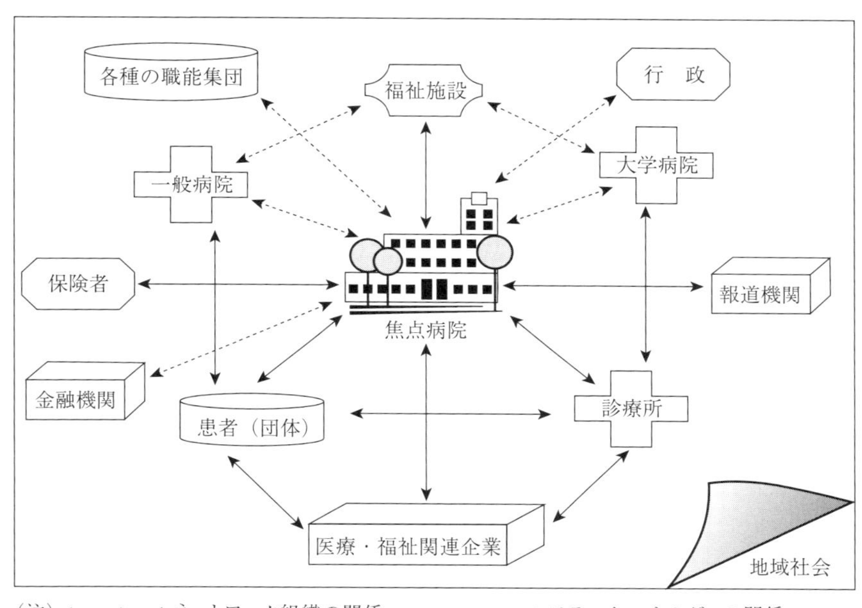

（注）⟷：ネットワーク組織の関係　⇠⇢：ステーク・ホルダーの関係

出所：福原（2004）p.83。

(4) 地域医療連携推進法人

地域医療連携推進法人は，医療機関相互間の機能の分担および業務の連携を推進する目的で，医療法の一部改正により2017年より新たに創設が可能になった法人である。

① 地域医療連携推進法人制度の仕組み

法人組織　一般社団法人

趣　　旨　医療機関相互間の機能の分担および業務の連携を推進するため

認　　定　都道府県知事による認定

認定基準　地域医療構想区域を考慮し，病院などの業務連携を推進する区域を定めている。

	地域関係者などを構成員とする評議会が意見を述べることを定めている。
	参加法人の予算，事業計画等の重要事項について，地域医療連携推進法人の意見を少なくとも求めるものと定めている
参加法人	医療機関を開設する医療法人など非営利法人
実施業務	病院相互間の機能の分担および業務の連携の推進（介護事業も連携に加えることは可能）
	医療従事者の研修，医薬品などの供給，資金貸付などの医療連携推進業務
そ の 他	代表理事は都道府県知事の認可が必要
	剰余金の分配禁止，都道府県知事による監督などの規定は医療法人への規制を準用
	病院間の機能分担・業務連携に必要と認めるときは，都道府県知事は地域医療構想の推進に必要である病院間の病床の融通を許可することができる
法人組織について	地域医療連携推進法人の法人組織は，一般社団法人である。一般社団法人は「一般社団法人及び一般財団法人に関する法律」に基づいて設立される社団法人のことで，設立に際して２人以上の社員が必要であり，社員は自然人以外の法人がなることも可能である。地域医療連携推進法人の社員は，当該法人に参加する医療法人，その他の非営利法人への参加は可能であるが，営利法人である株式会社への参加は不可である。これは医療の非営利性に基づくものである。

図３－14　地域医療連携推進法人の仕組み

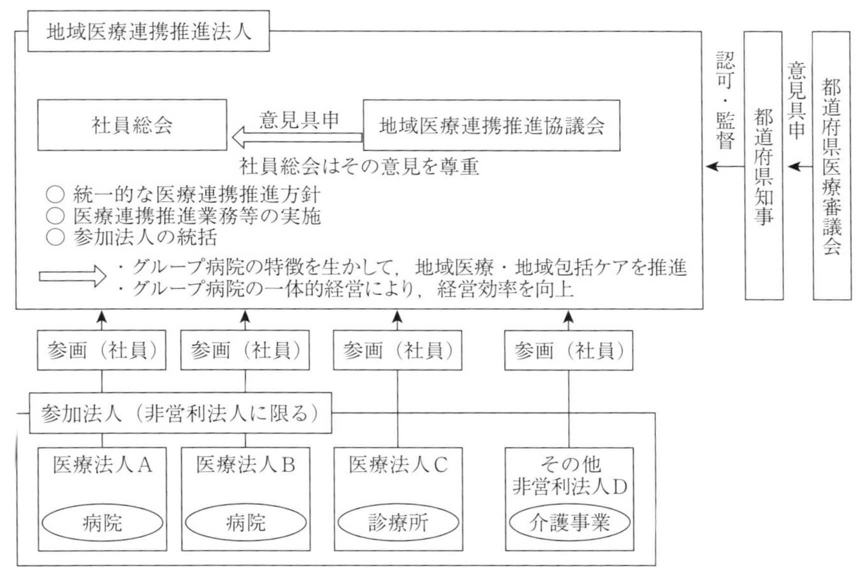

出所：厚生労働省（2015）「地域医療連携推進法人制度（仮称）の創設について」。

②　地域医療連携推進法人の業務

<病院相互間の機能分化と業務連携>

地域医療構想の推進に必要である病院間の病床の融通が許可されることで，地域特性を踏まえた病床機能の再編と医療介護間の連携が強化されることを狙いとしている。

<医療従事者の研修>

医療従事者の研修を地域医療連携推進法人が行うことで，参加医療法人を超えた医療従事者のキャリアパスを築くことが可能になる。これは，医療従事者の医療スキル向上につながるとともにモチベーションの向上にもつながり，より質の高い医療サービスの提供にもつながる。

＜医薬品などの供給＞

医薬品などの供給については，参加医療法人の医薬品・医療資材などについて地域医療連携推進法人が窓口となって共同購入することで，受発注作業の効率化，使用薬剤等の統一，大量購入などによる価格引下げ，配送作業の効率化などが期待できることから参加医療法人の経営改善に資することが可能となる。

＜資金貸付などについて＞

資金貸付などは，地域医療連携推進法人が窓口となって金融機関などから借り入れたうえで，参加医療法人に資金貸付を行うことで，効率的な資金調達も可能になる。

5　ヘルスケア組織の組織特性

ヘルスケア組織には，安全性の確保を目的とした社会的規制として，組織運営に関する次のような規制がある。

病院の病院長には資格要件があり，病院長は臨床研修を修了した医師でなくてはならない（医療法第10条）。そして，2つ以上の病院長を兼ねることは，都道府県知事の許可を得た場合を除き不可である（医療法第12条）。そのため，いかに経営能力に優れた人物であっても，臨床研修を修了した医師でない限り病院経営のトップに就任することは不可となっている。

病院は，定められた人員と施設を有して，記録を備えなければならない（医療法第21条）。病床の種別に応じて医師，看護師，その他の従業者を雇用しなければならず，診療室，手術室，処置室，臨床検査施設，エックス線装置，調剤室，給食施設，診療に関する諸記録，その他厚生労働省令で定める施設が必要である。

このように医療法などにより，最低限必要な人員と診療設備とその診療設備の面積なども定められているので，たとえば病院経営において人件費削減のための人員削除や，設備費用の圧縮目的での設備削減も限定的になる。

そして，ヘルスケア組織は，以下のようにさまざまな資格を有する専門職者が定められた行為を行うため，一般企業同様の経営管理手法は通じにくい。そのため，マネジメント能力の巧緻が病院の業績格差要因を招くことになる。

ヘルスケアスタッフの職種として，医師，看護師，助産師，診療放射線技師，臨床検査技師，臨床工学技師，薬剤師，管理栄養士，栄養士，理学療法士，作業療法士，言語聴覚士，社会福祉士などがあり，専門資格を有さないのは事務職のみといわれている。これらの職種は異なる資格要件に基づく免許制があり，業務範囲などは個別の法令によって定められている。たとえば医師は医師法，看護師等は保健師助産師看護師法，診療放射線技師は診療放射線技師法，臨床検査技師は臨床検査技師法がある。各法令には「免許取得者でない者はこれらの業をしてはならない」などの業務独占規定と「名称を用いてこの業をしてはならない」などの名称独占規定がある。このようにヘルスケア組織には多くの専門職が業務に就いており，各専門職の組織上の立場や労働条件を規定することなど一般事業会社と異なる特徴がある。

ヘルスケア機関における診療行為と診療報酬の発生は，医師が行うものと，医師の指示・管理の下で業務を行うことなどを起因としている。最近は，チーム医療によって，患者を取り巻くさまざまな診療スタッフが協力しながら治療に取り組むようになっている。しかし，医師にはコ・メディカルスタッフへ指示が行えることによる大きな権限がある。そのためヘルスケア機関の組織運営においては，いかに医師のマネジメント能力を引き出すことができるかが重要なポイントとなるのである。

参考文献

Barnard, C. I.（1938）The Functions of Executive, Cambridge, Mass：Harvard University Press.（山本安次郎・田杉競・飯野春樹訳（1968）『経営者の役割』ダイヤモンド社）.

Chandler, A. D.（1962）STRATEGY & STRUCTURE, Massachusetts Institute of Technology.（有賀裕子訳（2004）『組織は戦略に従う』ダイヤモンド社）.

Daft, R. L.（2001）Essential of Organization Theory & Design, 2nd Edition, South-Western College Publishing.（高木晴夫訳（2005）『組織の経営学』ダイヤモンド社）.

Galbraith, J. R. & D. A. Nathanson（1978）Strategy Implementation：The Role of Structure and Process, West Publishing Co.（岸田民樹訳（1992）『経営戦略と組織デザイン』白桃書房）.

Mintzberg, H.（1981）"Organization Design: Fashion or Fit?," Harvard Business Review, January-February.（「組織設計流行を追うか適合性を選ぶか」『DIAMOND ハーバード・ビジネス』1981年6月号）.

Simon, H. A.（1945）Administrative Behavior（二村敏子・桑田耕太郎・高尾義明・西脇暢子・高柳美香訳（2009）『経営行動』ダイヤモンド社）.

Williamson, O. E.（1975）Markets and Hierarchies The Free Press. A Division of Macmillan Publishing Co., Inc.（浅沼萬里・岩崎晃訳（1980）『市場と企業組織』日本評論社）.

石井淳蔵・奥村昭博・加護野忠雄・野中郁次郎（1996）『経営戦略論』有斐閣.

一条勝夫（1997）『医療経営管理論』篠原出版.

桑田耕太郎・田尾雅夫（2007）『組織論』有斐閣.

国際医療福祉大学医療福祉学部医療経営管理学科編（2004）『医療・福祉経営管理入門』国際医療福祉大学出版会.

佐藤耕紀（2003）「組織類型論の統合に向けて：ヒエラルキー型組織とネットワーク型組織の組織デザイン特性」『防衛大学校紀要』Vol.87, pp.1-28.

高松和幸（2013）『経営組織論の展開』創成社.

中島明彦（2007）『ヘルスケアマネジメント』同友館.

羽田明浩（2015）『競争戦略論から見た日本の病院』創成社.

第４章 マーケティング論

1　マーケティング

(1) ヘルスケア業界のマーケティング

わが国のヘルスケア業界においてマーケティングが意識されるようになったのには，医療経営が意識されたのと同様に，医療費の抑制策が本格化し，それに伴う医療業界内の競争が激しくなってきたことが背景にある。1980 年代以前，不足する医療資源を充足する医療政策の過程にあっては，医師をはじめとするメディカルスタッフを養成し，病院などの医療施設を整備することが優先されていた。一方で 1980 年代以降，充足した医療資源の質の向上を目指す医療政策へと移行する過程にあって，医療サービス提供のあり方は，患者・利用者などのニーズを汲み取った医療マーケティングが必要になってきたのである。

この章では，マーケティング全般について述べた後に，医療マーケティングについて述べ，医療機関におけるマーケティング活動のケースを記載する。

(2) マーケティングとは

そもそもマーケティングとは何であろうか？　これについてコトラーは次のように述べている。

マーケティングとは，人間や社会のニーズを見極めてそれに応えることである。最も短い言葉で定義すれば「ニーズに応えて利益を上げること」となる。社会的定義から社会に果たす役割を見ると「マーケティングとは，個人や集団が製品およびサービスを創造し，提供し，他者と自由に交換することによって，自分が必要とし，求めているものを手に入れる社会的プロセスである」と定義することができる。

(3) マーケティングの諸基本概念

ニーズ（必要性），ウォンツ（欲求），ディマンズ（需要）

マーケティングの出発点は，人々のニーズとウォンツである。人々は衣食住のニーズがあり，娯楽や教育に強いウォンツを持っている。そして特定の財やサービスに強い選好を持っている。

ニーズとは，人間生活に必要なものが奪われている状態のことを表わしている。

ウォンツとは，生活に必要な充足を満たす特定のものが欲しいという欲望である。

ディマンズとは，購買能力と購買意志に裏付けられた特定の製品へのウォンツである。

マーケティングは，ニーズである食べ物が足りない，乗り物がないといったニーズの創造はできないが，乗用車が欲しいというウォンツには影響を与えられる。欲しいという人の中から実際に買える能力と意志を調べてそのディマンズを具体化しようとする。

(4) 製　品

マーケティングにおいて製品とはニーズ，ウォンツを満たしうると考えられるものをいう。したがって，製品とは物やサービスだけでなく，何らかの活動，ヒト，場所，組織，アイデアでもありうる。製品という言葉は，資源，オファー，満足を与えるもの，と置き換えることもできる。

(5) 価値と価格と満足

あるニーズを満たす製品は多数存在する。これらの製品選択群の中から特定製品を選ぶには，ニーズを詳細に分析する必要がある。それらのニーズの中から製品を選ぶのはその製品の価値によるが，価値だけの選択ではなく，最後は価格も考慮して決められることになる。

(6) 交換，取引，関係

ニーズとウォンツがあり，製品に価値があるだけではマーケティングは完結せず，人々が交換によってニーズとウォンツを満足させるときにマーケティングが現れる。交換が行われると，双方とも何らかの価値を得たと思うので，交換は価値創造過程といわれる。交換の過程で交渉が行われ，それが合意に達したとき取引が成立したという。

取引は交換の基本的な部分であり，そこで価値が示される。取引をうまく行うためには，取引先との良い関係を築くことが必要であり，これはリレーションシップ・マーケティングの範疇となる。それは，1回ごとの取引からの利益最大化より取引先相互の有効な関係を最大化することが必要になる。

(7) 市　場

経済学では売り手と買い手の交換のため場を意味するが，マーケティングにおいては売り手側を産業と呼び，買い手側を市場と呼ぶ。市場は特定のニーズやウォンツを持ち，それを交換で満たす意志と能力を有するすべての潜在顧客から成り立っている。

(8) マーケティングの定義の変遷

マーケティングの定義は，時代に合わせて変わっており，アメリカ・マーケティング協会では以下のようにマーケティングの定義を変更している。

アメリカ・マーケティング協会（AMA）1985年の定義

「マーケティングは，個人や組織の目的を満足させる交換を創出するためのアイデア，財，サービスの概念形成，価格設定，プロモーション，流通を企画し，実行する過程である。」

アメリカ・マーケティング協会（AMA）2004年の定義

「マーケティングとは，顧客に向けて価値を創造，伝達，提供し，組織と組織をとりまくステークホルダーに有益となるよう顧客とも関係性をマネジメントする組織の機能および一連のプロセスである。」

アメリカ・マーケティング協会（AMA）2007 年の定義

「マーケティングとは，顧客，依頼人，パートナー，社会全体にとって価値のある提供物を創造・伝達・配達・交換するための活動であり，一連の制度，そしてプロセスである。」

このようにマーケティングの定義は時代が進むにつれて変わってきている。最も新しい定義は，社会全体にとって価値のある提供物を創造し，伝え，配達し，交換する一連の制度とプロセスであるとしている。

世の中の仕組みはこれまで以上に変化しており，数年後にはまた定義が変更されるであろうと予想される。

(9) 市場に対する企業の姿勢の変遷

企業のマーケティング活動はどのような概念によって行われるべきであろうか。企業，顧客，社会の利害のどこに重点を置けばよいのか，そもそも企業，顧客，社会の利害は相いれないのが実情である。

企業はマーケティング活動を以下の５つのコンセプトによって行っている。５つのコンセプトとは，生産志向コンセプト，製品志向コンセプト，販売志向コンセプト，マーケティングコンセプト，ホリスティック・マーケティングコンセプトである。

図４－１　企業のマーケティング活動のコンセプト

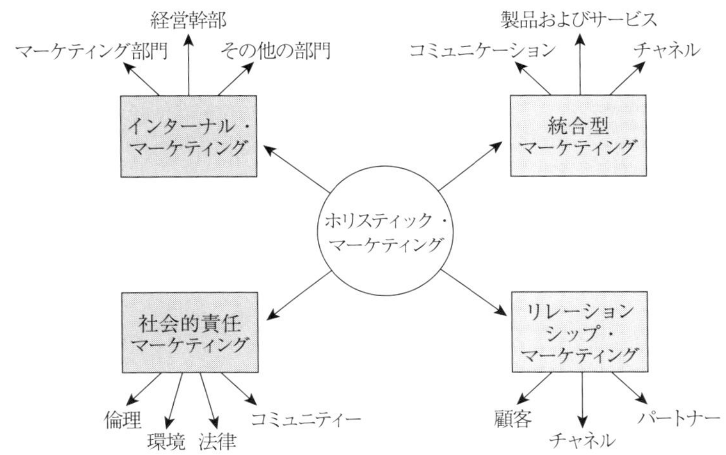

出所：Kotler & Keller（2006）邦訳 p.23。

＜生産志向コンセプト＞

この概念は，最も古いビジネスコンセプトであり，どこでも手に入れられて価格が手ごろな製品を消費者は好むという考えである。生産志向の経営者は，生産性を高め，コストを下げ，大量に製品を流通することに専念する。コストリーダーシップを前提にした経営方針を目指している。

＜製品志向コンセプト＞

この概念は，品質や性能が最高であり，革新的な特徴のある製品が消費者に好まれるという差別化戦略を前提にした考えである。この概念を前提にした企業は，常に優秀な製品をつくり改良していくことを重視する。ただし，より良い製品がヒットにつながるとは限らず，適正な価格設定，流通，広告，販売に努める必要がある。

＜販売志向コンセプト＞

この概念は，販売者側企業が何もしないと消費者は製品を買ってくれないものだという考えを前提にしている。そのため企業側は，精力的な販売とプロモーション努力をしなければならない。市場が求める物を生産することよりも，自社が生産したものを売ることを目的としている。マーケティングは販売であると誤解されがちでもある。

＜マーケティングコンセプト＞

この概念は1950年代半ばに生まれたものである。ビジネスは「市場に出して売る」製品志向から，「感じ取って応じる」顧客志向に移行しており，自社製品に相応しい顧客を見つけることから，自社顧客に相応しい製品を見つけることに変わっている。選択した標的市場に対して競合他社よりも効果的に顧客価値を生み出し，供給し，コミュニケーションすることが企業目標を達成する鍵になるという考えである。

＜ホリスティック・マーケティング・コンセプト＞

最も新しいマーケティングコンセプトであり，マーケティングのプログラム，プロセス，活動それぞれの幅と相互依存性を認識したうえで，マーケティングのプログラム，プロセス，活動を開発し設計し実行する事である。

この概念には，リレーションシップ・マーケティング，統合型マーケティング，インターナル・マーケティング，社会的責任マーケティングの4つの構成要素がある。

＜リレーションシップ・マーケティング＞

マーケティングの主要な目的は，企業のマーケティング活動の成功に直接的・間接的に影響を及ぼす人や組織と深く永続的な関係を構築することにある。取引を開始し維持するために重要なマーケティングパートナーである顧客，サプライヤー，流通業者，その他のパートナーおよび，財務コミュニティメンバーである株主，投資家，アナリストなどと相互に満足のいく長期的な関係を築くことである。

リレーションシップ・マーケティングの最終的成果は，企業のステークホルダーとの間にマーケティング・ネットワークという企業独自資産である効果的なネットワークを構築することである。

＜統合型マーケティング＞

マーケターの責務は，マーケティング活動を考案し，消費者に対して価値を創造し，伝達し，提供するために統合されたマーケティングプログラムを組むことにある。マーケティング活動はさまざまであり，マーケティング・ミックスという用語で説明されたが，これは企業がマーケティング目的を追求するために使う一連のマーケティング・ツールと定義される。

マーケティング・ミックス「4つのP」は，製品（Product），価格（Price），流通（Place），プロモーション（Promotion）である（マッカシー）。この4Pは買い手に影響を与えるために利用できるものを売り手から見たものである。

売り手の4Pは顧客の「4つのC」である，顧客ソリューション（Customer Solution），顧客コスト（Customer Cost），利便性（Convenience），コミュニケーション（Communication）と見ることもできる（ラウターボーン）。

(10) 4P分析

製品（Product）

標的市場において，取り扱う製品の幅深さなどの品揃えのほかにデザインなどの設定を検討する。

価格（Price）

価格は製品やサービスが市場で取引される際に支払われる金額である。関連して支払条件や契約条件なども含まれる。

流通（Place）

生産者から最終消費者へ販売されるまでの製品，お金，情報の流れであり，どのよう経路をたどれば最も効率的であるかを設定する。

販売促進（Promotion）

消費者に製品の存在を知ってもらうためのPRとして最適な手段について設定する。

（11）4C分析

顧客ソリューション（Customer Solution）

その製品・サービスは顧客にどのような価値をもたらすのか。

顧客コスト（Customer Cost）

その製品・サービスを手に入れるのにどれだけのコストがかかるのか。

利便性（Convenience）

その製品・サービスを手に入れるのにどれだけ手軽に購入できるのか。

コミュニケーション（Communication）

企業から発信するメッセージが顧客に正確に届いているのか，顧客の声が企業側に届いているのか。

図４－２　マーケティング・ミックス

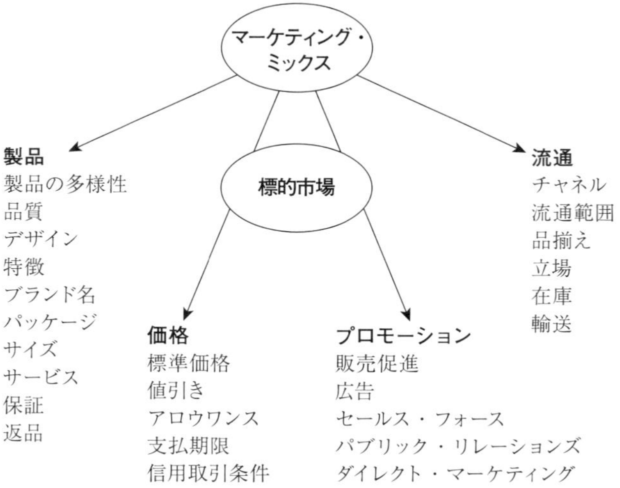

出所：Kotler & Keller（2006）邦訳 p.24。

この統合型マーケティングの２つの主要なテーマは，価値を伝達し提供するための多彩なマーケティング活動を利用すること，すべてのマーケティング活動をうまく連携させてジョイント効果を最大化することである。

ある１つのマーケティング活動を設計し，実行するに当たり，ほかのすべての企業活動である需要管理，資源管理，ネットワーク管理のための自社システムを統合したうえで実施することになる。

＜インターナル・マーケティング＞

インターナル・マーケティングは，組織内のすべての人，特に経営幹部に適切なマーケティング原理を理解させることである。そのためにはさまざまなマーケティング機能を担う部門が協力し合うことと，マーケティング機能を担う部門以外もマーケティングに取り組む必要がある。それは，マーケティングは社内１部門のみならず全社的に取り組むべきことであり，マーケティング思考が全社的に行き渡っていることが必要だからである。

＜社会的責任マーケティング＞

社会的責任マーケティングは，広い視点で問題意識を持ち，マーケティング活動およびマーケティングプログラムを倫理，環境，法，社会的文脈で理解することである。マーケティングの因果関係は明らかに企業と顧客から社会全体に及ぶものであり，社会的責任において，マーケターはマーケティング実践に関して，社会的かつ倫理的な配慮をしたうえで，自分たちの果たしている役割，果たしうる役割を慎重に考慮する必要がある。

2　STP マーケティング

(1)　市場のセグメントとターゲットの明確化

市場で事業を行う場合，すべての顧客に製品を販売することは不可能である。それは，顧客数があまりにも多く，広範囲であり，顧客の要求もさまざまであるからである。そこで，企業は全市場では競争を行わず，自社が効果的に事業展開可能な市場のなかから魅力的な市場を見いだすのである。このことは，マーケティング努力を分散させるのではなく，自社が満足を提供する可能性が最も高い消費者に照準を合わせることである。

今日多くの企業は，他社との競合に効率的に打ち勝つために，マス・マーケティング（ひとつの製品を大量生産，大量流通させ，あらゆる買い手に販売するアプローチ），製品多様化マーケティング（スタイル，特徴，品質，サイズなどで差別化した複数の製品をつくり，買い手に多様性をアピールしようとするアプローチ）からターゲット・マーケティングの手法を取っている。

ターゲット・マーケティングを行う際には次の３つの段階がある。

STP マーケティング

・市場細分化（市場セグメンテーション）

ニーズや選好の異なる購買者グループを特定し，その特徴を明確にする。

・標的市場の設定（市場ターゲティング）

参入する市場セグメントを選ぶ

・各標的市場に対して自社の提供可能なベネフィットを確立して伝える。

このような３つのステップを STP マーケティング（S：セグメンティング T：ターゲティング　P：ポジショニング）と呼ぶ。

(2) 市場セグメンテーション

売り手の企業が，顧客の個々のニーズと欲求に対応する個々の顧客専門の製品やマーケティングを計画した場合には，コストがかかりすぎる。そのため，製品要求やマーケティング戦略への反応などの違いを考慮して顧客をいくつかのグループに分ける。

グループ分けの例として，所得によって欲求が異なる場合は３つのセグメントに分けられる。年齢構成で欲求が違う場合は，年齢によって２つのセグメントに分けることができる。さらに，所得と年齢の両方が買い手行動に影響を及ぼしているのであれば，所得と年齢の２つを基準にセグメントすることによって５つのセグメントとなる。

消費者市場のセグメンテーション基準

消費者市場のセグメンテーションは大きくは，消費者特性による分類と，製品への消費者の反応によって分けられる。

①　消費者特性による分類

＜地理的セグメンテーション＞

国，地域，郡，都市，近隣などに分けられ，その地方の特色に合わせたマーケティング活動を行う。この地理的セグメンテーションは，特定の郵便番号に対応したマーケティングを意味するようになっている。企業は地図ソフトを使用することで，顧客の居住する地理的な位置を把握することも可能となっている。

＜人口動態的セグメンテーション＞

人口動態によるセグメンテーションでは，年齢，世帯規模，家族のライフサイクル，性別，所得，職業，教育水準，宗教，世代，国籍，社会階層などに基づいて市場をグループ分けする。顧客のグループ分けに人口動態の変数が最もよく使われるのは次の理由からである。第１に，消費者のニーズ，欲求，使用量状況と製品やブランド選好は人口動態との連動性が高いからである。第２に，人口動態変数は他の変数より測定がしやすいことである。

＜心理的セグメンテーション＞

心理学と人口動態を利用して，消費者をより理解しようとするもので，心理面，性格の特徴，ライフスタイル，価値観に基づき購買者をグループ分けする。そのため同一の人口動態グループに属する人でも全く異なる心理的特性を示すことがある。

②　製品への消費者の反応

＜行動的セグメンテーション＞

製品やその属性に対する知識や態度，使用状況，反応などをベースに顧客を異なるグループに分けるのがこの行動的セグメンテーションである。

＜購買機会＞

年，月，週，日にちでの消費者の生活における時間的局面のことであり，購買者をニーズが発生する購買機会，実際に製品を購入する購買機会，購入した製品を使う購買機会によってグループ分けが可能である。

＜ベネフィット＞

購買者を購入する製品からどのような便益を求めているかによってグループ分けするセグメンテーションである。

＜ユーザーの状態＞

市場を非ユーザー，元ユーザー，潜在的ユーザー，初回ユーザー，レギュラーユーザーに細分化ができる。潜在ユーザーへの顕在化や，他社ブランドユーザーを自社ブランドユーザーへスイッチの働きかけなど，使用者グループの違いは異なったマーケティングアプローチを必要とする。

＜使用頻度＞

市場を，ライト（少量），ミディアム（中程度），ヘビー（大量）ユーザーに細分化することができる。少量のヘビーユーザーが総消費量の大半を消費することもある。

＜ロイヤリティの状態＞

市場は消費者のロイヤリティのパターンによって４つのグループに分けられる。

・いつも同じブランドを購入し続ける消費者
・2～3のブランドについてのみ購入する消費者
・あるブランドだけの選好から他のブランドだけに移行した消費者
・どのブランドにもロイヤリティを持たない消費者。その時その時で適当に選ぶ消費者が該当する。

図４－３　市場セグメンテーションと市場ターゲティング

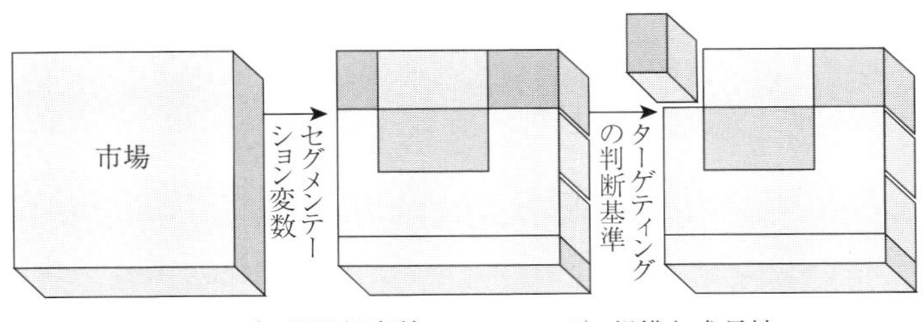

1）地理的変数
2）人口動態変数
3）心理的変数
4）行動変数

1）規模と成長性
2）自社の強み
3）競合のマーケティング戦略
4）環境要因

出所：グロービス・マネジメント・インスティテュート（2006）p.50。

(3) 市場ターゲティング

セグメンテーションの結果，各セグメントの市場機会が明らかになると，企業はそれらのセグメントの魅力度を評価し，どのセグメントに向けたマーケティング活動を行うのかセグメントの選択の段階に移る。

市場セグメントの評価は，セグメントの規模と成長性を考量したセグメントの全体的魅力度と，企業の目標と資源の２つの要素に注意する必要がある。

標的とするセグメントは，規模，成長性，収益性，リスク状況などの観点から全体的に魅力のある特性を有しているか。企業の目的，資源から見て当該セグメントに投資する意味はあるのか。企業の長期的な目的に合致しないという理由で魅力的なセグメントが見送られることもある。あるいは，優れた価値を提供するのに必要なコンピタンスを企業が有していない場合もある。

①　市場ターゲティング選択のパターン

セグメントの評価の後は，参入するセグメントを選択する段階に移る。その際に次の５つのパターンをとることができる。

図４－４　ターゲット市場選択の５つのパターン

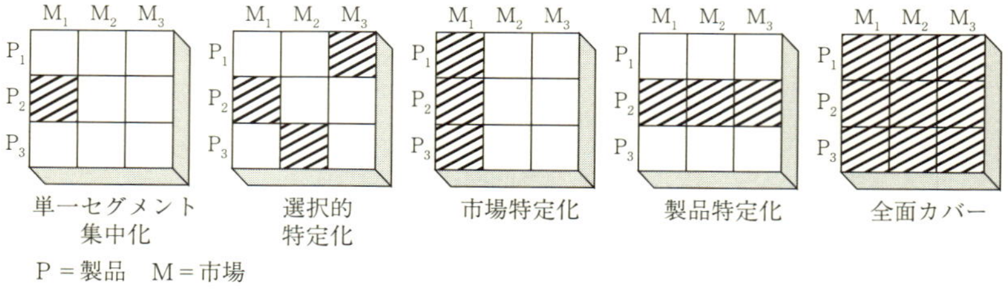

単一セグメント集中化　選択的特定化　市場特定化　製品特定化　全面カバー

P＝製品　M＝市場

出所：Abell（1980）pp.192-196.

＜単一セグメント集中化＞

最もシンプルなケースであり，集中化することで，そのセグメントで強固な地位を得る。

＜選択的特定化＞

企業の目的に照らして魅力ある複数のセグメントを対象として選択する。シナジーはあまり期待できないが，それぞれのセグメントでの収益がある時に取られる。リスク分散の意味もある。

＜製品特定化＞

いくつかのセグメントに販売できる１種類の製品に特化する。特定の製品エリアで高い評価を築くことが可能になる。一方でその製品が画期的なテクノロジーに取って代わられるリスクもある。

＜市場専門化＞

特定の顧客グループの多様なニーズを満たすことに集中する。特定の顧客グループへの製品やサービス提供で高い評価を得て，別の製品の売り込みも可能になる。

＜市場のフルカバレッジ＞

すべての顧客グループに，彼らが求めるあらゆる製品を提供しようとする。この戦略を取ることができる企業は巨大企業のみである。大企業は大別すると無差別型マーケティングと差別型マーケティングである。

無差別型マーケティングを行う場合，企業は市場セグメント間の違いを無視して，単一の製品やサービスで全体市場を対象とする。標準化とマス生産をマーケティングに応用し，低コストにより低価格を反映させ，価格に敏感な市場セグメントを獲得する。

差別型マーケティングは，企業は複数の市場セグメントで事業を展開し，セグメントごとに異なる製品設計を行う。

(4) ポジショニング戦略の立案

マーケティング戦略は市場細分化，標的化，ポジショニングを基本としている。企業は市場のさまざまなニーズや集団を見つけ，自社が優れた方法で満足させられるニーズや手段を標的化し，標的市場が自社特有の提供物やイメージを認識するように，企業は自らの提供物をポジショニングする。このポジショニングとは，企業の提供物やイメージが標的市場のマインド内に特有の位置を占めるように設計することである。

①　市場競争地位とマーケティング戦略

ターゲット市場において，主導的，挑戦的，追随的，あるいは限定的といった企業の役割の違いに基づいて競争ポジションを類型化することができる。

② マーケット・リーダーの戦略

マーケット・リーダーとは，市場の40%以上を占めるマーケットシェア最大の企業である。

マーケット・リーダーは，業界において最大のマーケットシェアを持っている。価格変更，新製品導入，流通カバレッジ，販売促進の密度などにおいて業界をリードする立場にあり，業界の同業他社からその市場支配力は認められている。競争相手にとって目標であり，挑戦相手であり，模倣する手本であり，正面からの競争は避けて通る相手である。

リーダーの目的は，ナンバーワンの地位を維持することにある。この目的は次の副次的目的である，マーケットの総市場規模の拡大する方法を見つけること，現在のマーケットシェアを維持確保すること，市場規模が変わらない状況においてマーケットシェアのさらなる拡大を目指すことによって実施される。

③ マーケット・チャレンジャーの戦略

マーケット・チャレンジャーとは，市場の30%を占めて業界で2位3位といった地位にあり積極的にマーケットシェア拡大を図る企業である。リーダー企業やライバル企業に敢然と立ち向かいシェア増大を図る企業である。

マーケット・チャレンジャーは，収益性を高めるとの予想のもとで，マーケットシェア拡大を目指し，マーケット・リーダーへの攻撃，力の劣る同規模企業への攻撃，中小の地方企業の攻撃の3つのタイプから攻撃対象を選択することで業界内マーケットシェア拡大を図るのである。

マーケット・チャレンジャーがシェア拡大を目指し取りうる戦略は，価格引下げ戦略，大衆価格製品導入戦略，製造コスト低減戦略などの価格競争によるシェア拡大を図るか，高品質高価格戦略，サービス改善戦略，製品イノベーション戦略などの製品の差別化，これらを組み合わせた総合的な戦略を図り長期的視点にたってシェア拡大を目指すことが成功への鍵となる。

図4－5　市場地位別の戦略

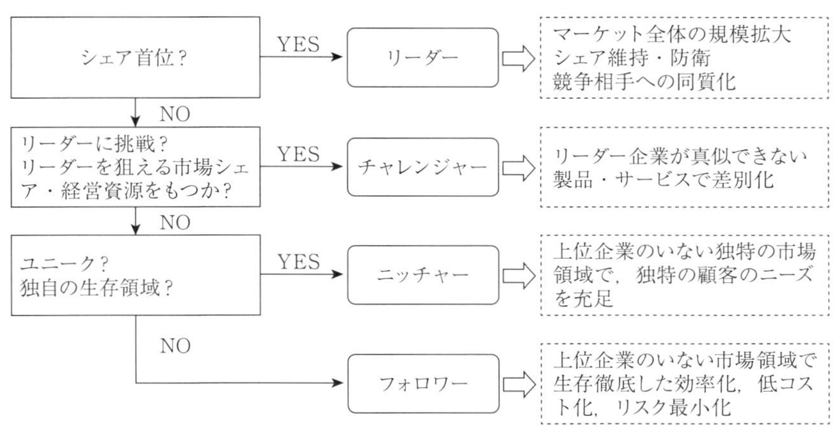

出所：井原（2015）p.41。

④　マーケット・フォロワーの戦略

マーケット・フォロワーとは，市場の20%前後のマーケットシェアであり現在のシェア維持に主眼を置いている。

多くの企業はマーケット・リーダーに挑戦するよりも追随することを好む。フォローワー企業は，リーダー企業に追いつくことはできず，チャレンジャー企業のようにイノベーション費用を負担しないことで利益を確保することができる。フォローワー企業は，リーダー企業の模倣によって顧客に同じような製品を提供する。

⑤　マーケット・ニッチャーの戦略

マーケット・ニッチャーとは，残りの企業業群が占めており，大企業が興味を占めさない小さなセグメントを対象としている。

大規模市場でフォローワーになる代わりに小規模市場すなわちニッチでリーダーとなる道もある。資源が限定されている小規模企業に見られるが，全体市場で低シェアの企業がニッチ戦略で高収益を上げていることもある。

ニッチ戦略は，ターゲット顧客グループを熟知し，他企業よりもうまくニーズに対応することで高収益を上げることができる。ニッチャーの基本は専門化であり，ニッチマーケットで成功するには，市場，顧客，製品，マーケティング・ミックスなどについて有効な専門化を図る必要がある。

これらの類型は単なるシェアによる分類のみでなく，それぞれの企業が業界トップに向けた経営資源を持つか，独自能力を蓄積しているかによって特徴付けることが，戦略の基本的指針を描くうえで必要である。

3　医療マーケティングについて

日本における医療マーケティングの歴史は古いものではない。真野（2011）は，医療マーケティングについて書かれたものはほとんどなかったと述べている。そのうえで，わが国の医療サービスについて次のように述べている。

医療は産業分類においては第3次産業であるサービス業に該当し，そのサービス内容とは表層サービスと本質サービスに分類される。医療における本質サービスは，医療の本質にかかわる診断・治療というサービスを指し，表層サービスは，アメニティや顧客サービスなど副次的なサービスであり，たとえば個室ベッドなどが相当する。

これまでの医療サービスは，本質的サービスの結果である，疾患が治ったかが評価されてきた。特に急性期医療では患者の生死が最重要であった。しかし，疾病構造が変化し慢性期医療も増えた現代の医療にあっては，表層サービスも重視されるようになった。この表層サービスは，患者による評価が十分可能であるとしている。

さらに真野（2011）は，医療サービスの提供を受ける際，患者にとっての3つのポイントを述べている。それはコスト（かかる費用），アクセス（かかりやすさ），クオリティ（質）であり，この3つのすべてを満たすことが理想的な医療制度であるが，現実には難しく，たとえば英国ではコストが重視されアクセスとクオリティは低く，米国はコストによってアクセスとクオリティが変わり，日本ではアクセスが重視され次にクオリティとコストが重視されている。

これはマーケティングから見ると，日本の消費者には需要の同質性が見られ，それは国土の狭さ，民族の同一性，単一言語様式，所得水準や教育水準の平準性，集団調和主義の社会的価値観，経済状況などを背景に，同じ需要であればアクセスのよいほうがいいという結論からきているとしている。このように，医療がサービス業であることと，そのサービスの特性について述べている。

サービス業としての医療の特色について理解したうえで，医療機関のマーケティング手法はプッシュ戦略とプル戦略のどちらで臨むべきかについて述べることにする。

プッシュ戦略は営業マンなどが積極的に消費者に働きかけるのに対して，プル戦略は広告などにより最終消費者に直接働きかけることをいう。

医療機関のプッシュ戦略は，急性期医療の中核病院において，地域連携室などが開業医へ働きかけ，患者を紹介する前方連携が相当する。また回復期リハビリテーション機能を担う病院は，急性期医療の病院に対する患者紹介の前方連携が相当し，慢性期医療を担当する病院は急性期医療病院あるいは回復期リハビリテーション病院への患者紹介の前方連携が相当する。医療の機能分化によって診療機能の充実が要求される昨今では，これまで以上にプッシュ戦略は重要になろう。

プル戦略は広告によって当該医療機関を患者に認知してもらうことから始まる。その意味では時間と費用もかかるのである。

(1) 広　告

広告は，製品に対する需要を喚起することや，企業に対するイメージを形成するなどの目的で，非人的手段を通じて行われる情報提供および説得活動である。広告主を明示したうえで，広告主の意図に基づいて，標的に対してメディアを介して広告主の訴えたいメッセージを伝える活動である。電波を通じたもの，印刷物を通じたもの，インターネットを通したものなど，媒体の特性に応じて，訴える内容や頻度，表現方法などの工夫が必要となる。

広告には，主体や目的，広告内容や訴求内容，利用する媒体などによってさまざまな種類がある。製品の存在や特徴を訴求し，需要を喚起することや，ブランド・イメージの向上を図る商品広告と，企業の理念や方針，事業内容などを伝え，それらを理解してもらうことで企業に対する好意的なイメージを形成する目的で行われる企業広告がある。

医療機関の場合は，医療法によって広告内容などに規制がある。医療機関に関する広告規制については後述する。

① 広告媒体

広告媒体は，マスメディアの電波媒体（テレビ，ラジオ）と印刷媒体（新聞，雑誌）に分けられる。その他，屋外広告や交通広告などのOOHメディア（out of home メディア），インターネットなどがある。屋外広告は一定の場所に一定期間常時露出されるため，特定地域において継続した訴求が可能である。

交通広告は，交通機関や駅・空港などの施設を利用して行われる広告の総称である。路線や地域別セグメンテーションが可能である。

(2) 医療機関の広告

医療広告の規制は徐々に緩和されている。わが国は従来，医療機関の広告は禁じられていた。それは，広告が患者に与える情報に誤解が生じるような内容があり，それによって患者が誤解し患者の不利益につながることを防ぐためであり，患者保護の観点から規制されていた。

広告が規制の根拠となっているのは医療法第69条であり，広告できるものは以下のように定められている。これを破った場合は，6ヵ月以下の懲役または20万円以下の罰金が課せられた。

広告してよいもの

- 医師又は歯科医師である旨
- 診療科名（政令で定めるもの，厚生労働大臣の許可を受けたもの）
- 病院又は診療所の名称，電話番号及び所在地
- 常時診療に従事する医師又は歯科医師の氏名
- 診療日又は診療時間
- 入院設備の有無
- 紹介することができる他の病院又は診療所の名称
- 診療録その他の診療に関する諸記録に係る情報を提供することができる旨

医療機関の広告規制は，医療法の改正の度に規制が緩和されており，今後もさらに緩和されていく方向にある。

なお，医療法で広告とは，「不特定多数の者を対象とする方法により，患者の誘因の目的をもって行われるもの」のことを言う。具体的には，駅のホームにある広告や道路沿いの看板などが該当する。一方，「不特定多数の者を対象とする方法」によらない情報を伝達する手段もある。具体的には，病院内のパンフレットなどである。それは，患者は既に医療機関での診療を希望して来院しているからである。

真野（2011）は，医療広告のあり方について以下のように述べている。医療広告の基本は情報の非対称性を改善することにある。患者が知りたい情報は，医療そのものの情報と，医療機関についての情報であり，医療機関の広告について，かかりつけ医と急性期病院では異なる対応が必要である。かかりつけ医は患者による選好も強いため，患者誘因につながる広告は積極的に行うべきである。一方，急性期医療は患者誘因につながる広告は控え，情報提供を中心にした広報が重要である。これにより，かかりつけ医経由で急性期病院を受診することを促し，患者はいきなりの急性期病院受診を控えるようになると述べている。そのうえで，広告を通してかかりつけ医の競争が行われることは消費者

である患者にとって好ましいと述べている。

(3) インターネットによる情報提供

インターネット上でのホームページなどによる医療機関からの情報伝達は，現状は医療法で定める広告規制の対象にはなっていない。それは，医療機関のホームページは，閲覧したい人が自らの意思で選択し閲覧するからである。

インターネットの普及は急速に進んでおり，医療機関の選択に際してインターネットで医療機関のホームページを閲覧したうえで選択する人も増えている。そのため医療機関の広報担当はインターネットのホームページの充実を図っているところも多い。

一方で，インターネットは比較的容易に情報を収集することができるため医療機関の情報収集に適しているが，そこで提供されている情報内容の信頼性確保はこれからの課題となっている。

(4) プロモーション・ミックス

企業が優れた製品を開発しても，その価値が消費者に伝わらなければ，消費者の購買意欲を高めることはできない。そこで，商品を知ってもらい，消費者が関心を抱き，買いたくなるように刺激する活動が必要になる。このことは，医療機関にとっても同様である。いかに診療技術が優れていても，そのことを患者が知らなければ来院にはつながらず，診療技術を提供することはできない。

このような役割を担うマーケティング活動がプロモーションである。プロモーションは，顧客に対して自社製品の特徴を伝えることで，顧客の行動を変化させ，販売促進につなげようとする活動である。プロモーション・ミックスは，プロモーションの諸活動を整合性が取れるように適切に組み合わせることである。プロモーションの主要な手段は次のようなものがある。

① パブリシティ

メディアに対して情報を提供して，記事として取り上げてもらうことで，消費者から情報に関する信頼性は得やすくなる。

②　人的販売

消費者と販売員との直接の接点を通じた人的な情報提供や説得活動である。消費者との直接対話により要望を聞くことや信頼関係の構築に結びつく。

③　販売促進

サンプル配布，イベント，景品，懸賞など消費者に対する短期的刺激や勧誘のほか，販売店支援や営業コンテストなど営業担当向けの販売促進策もある。

データ分析によるマーケティング活動
～東京歯科大学市川総合病院（570 床）　千葉県市川市～

歯科大学附属病院でありながら医科の各科を標榜する地域の基幹病院である同院は紹介元の開業医への前方連携の戦略を立てている。

ここで地域医療・医療連携室が手掛けているのがマーケティング手法を用いた営業である。地域の患者数や競合病院などの分析に基づいて効率性の高い手法を追求している。DPC データを活用した手法で「脳神経外科の入院患者増加」のミッションにおいて一定の成果を上げた。

市川市の医療需要動向を分析したところ市川市内の患者が他地域へ流出していることが分かった。そこで市川市内の患者紹介元である開業医や救急隊への営業を行っている。さらに地域の連携職種のネットワーク作りに注力し「ベイエリア連携の会」が発足した。２か月毎の会合は 50 人ほどが参加し所属病院の機能をアピールしている。同院もこの回を通じて入院患者の紹介を受けている。

マーケティングとネットワークづくりの両面から患者確保策の効率性を追求している。

出所：「日経ヘルスケア」2013 年３月号。

(5) プッシュ戦略とプル戦略

プロモーション・ミックスの構成に，プッシュ戦略とプル戦略がある。

プッシュ戦略は，営業部隊が，流通業者に対する働きかけや，流通業者に向けた販売促進を積極的に行い，自社製品の販売経路の開拓と販売量の拡大を促すとともに，消費者に自社製品を推奨して購買を促すものである。自社の営業部隊を小売店の店頭に派遣し製品試用や推奨販売を行うことも含まれる。

医療機関におけるプッシュ戦略には，患者紹介のために地域連携室が開業医を訪問し前方連携を推進するほか，医療教室などを開催し，患者の来院誘因を図ることが相当する。

プル戦略は，広告や販売促進によって消費者に直接働きかけ，自社製品ブランドの指名買いを促そうとするものである。

医療機関におけるプル戦略は，広告やインターネット上のホームページによって自院を患者に知ってもらうことで来院を促すことが相当する。

プッシュ戦略とプル戦略のどちらかに重点を置くかは，企業の方針や予算，取り扱う製品や取引の性質などによって異なってくる。マスメディアを通じての広告は費用がかかるため，広告予算が少ない場合は，プッシュ戦略に比重を置き，広告予算が大きい場合はプル戦略に重点を置く場合もある。

取り扱う製品が生産財の場合と消費財の場合でも異なる。生産財の場合は，対象が絞られ専門的な情報提供が要求されるＢ to Ｂとなるため，プッシュ戦略が中心となる。

一方，消費財の場合は，消費者に向けて広く訴求するＢ to Ｃとなるためプル戦略が重視される。

医療機関の場合，開業医と地域の中核病院では，プロモーション・ミックスも異なってくる。開業医は，人員，予算は限られているので，小規模なプル戦略を用いる一方，地域の中核病院は，地域連携室による開業医への訪問などのプッシュ戦略とともに，ホームページによる訴求のプル戦略も活用される。

① プッシュ戦略の販売促進

販売促進は，プロモーション活動を広く含む包括的なものであり，セールスプロモーションなどと呼ばれることもある。具体的な活動として，製品やサービスの試用，継続購入や購入量の増加を促すため，直接的・間接的に消費者の購買意欲を刺激するさまざまな手法を含んだプロモーション活動である。一般的に短期的な効果が期待され特定の時期に集中的に行われることが多い。販売促進には，消費者を直接刺激して販売増加を目指す消費者向け販売促進のほか，流通業者や社内向けの販売促進活動も含まれる。

プロモーション・ミックスとSTPマーケティング
～アンケート調査，ホームページ，チラシ配布の実施
崖っぷち医院の経営立て直し作戦より～

大都市近郊で無床眼科クリニック（医師１人とスタッフ３人）院長の今卓人医師（仮名）は，患者数が増えず，眼科診療所の平均を下回り収入も伸び悩んでいた。この崖っぷち状態から這い上がるために医療経営コンサルティング会社のアドバイスを受けて次のことを手掛けた。

最初に行ったのは，来院患者のデータを集めることであった。半年間に受診した患者のカルテから属性や病名や保険点数，来院経路などを分析した。その結果，患者層は成人患者で再診患者が多く，患者住所は診療所から500 m以内が最も多く，次に多いのは1,500 m以上患者であった。アレルギー性疾患が専門であるため患者はアレルギー性疾患の患者が６割であり，来院経路はインターネットが半数を占めそれ以外は近隣や知人からの紹介であったことが分かった。

次に行ったことは，患者アンケートであった。アンケートは院長自らが手渡しして約300人から回収したアンケート結果に基づき，患者の要望や不満が分かった。その結果によって患者接遇で問題のあるスタッフに注意したところ居心地が悪くなったため退職することになったが，パートスタッフを常勤にすることで対応した。そして，患者要望の多かった診療時間の延長は金曜日と土曜日の夕刻１時間延長することとした。

アンケート結果に基づく改善したことと診療時間の延長をホームページ

に掲示してアピールするとともに，チラシの配布をクリニック近隣 1 km 以内にポスティングを行った。

チラシの内容はアレルギー疾患の症状をわかりやすく説明するものである。さらに近隣の競合眼科医院や内科医院や調剤薬局にも診療時間変更を伝えるためチラシを持って挨拶に行った。

このような地道なマーケティング活動の結果，半年後には患者数は前年比で８％増加に改善した。

この事例では，STP　プッシュ戦略のプロモーション・ミックスが取られている。

出所：「日経ヘルスケア」2014 年 10 月号。

プッシュ戦略　健康講座の開催

～埼玉石心会病院（349 床）　埼玉県狭山市～

埼玉石心会病院は，同院の認知向上を図り，地域住民の健康意識底上げを目的とした他職種による健康講座「石心会健康塾」を開催している。

会場は近隣市内の市民会館などを借り毎回定員 20 人から 60 人の 1 時間程度である。運営は同院地域医療推進室が主導し，同院の医師，看護師他メディカルスタッフ及び連携先病院のメディカルスタッフも講師を担当する。内容は講師の専門領域を生かしつつ地域住民にも理解でき日常生活に生かしやすい内容となっている。毎回の講演には看護師が同行し，講演後の無料健康相談を実施し，健康面でのアドバイスのほか，必要であればかかりつけ医や同院関連のクリニックの受診を促すこともある。

健康塾立ち上げ当初は近隣駅前でのチラシ配布をした他，連携医療機関・公共施設・タクシーでのチラシ設置や新聞折り込み宣伝，マンションなどのポスティング活動など周知活動への投資額も決して小さくなかった。その他，地元ケーブルテレビでも健康講座を放映し，仕事などで参加できない方への自宅での視聴が可能になった。

このような健康活動によって幅広い層に同院を知ってもらうきっかけとなっているほか，日ごろから医療や健康についての知識を深めることができたことや，受診前に医師の人となりを確認できるため安心感があるなどの声が上がっており，新規患者の獲得への効果と結びついている。

出所：「フェィズ・スリー」2016年3月号。

プッシュ戦略　地域医療連携の推進
～愛知県一宮市　総合大雄会病院　322床　急性期医療　地域医療支援病院～

総合大雄会病院は，的確な診断と専門的治療を行うために最新鋭の医療設備や機器を導入し，高度な医療を提供することがこれまで同様に医療の柱であり，このような急性期医療を行ううえで病診連携，病病連携は欠かせないものである。そのため2000年に地域医療連携室を立ち上げ地域の診療所からの患者を受け入れている。

地域医療連携室の役割は地域の開業医と病院をつなぐパイプ役である。患者の受け入れ体制を強化し，医療連携の仕組みを深く理解してもらうことが求められている。同院の地域医療連携室は事務職8人を配置し，地域の診療所を定期的に訪問するという営業的な活動に注力している。

地域医療機関向け連携広報誌「つながる医療」患者向け情報誌「Te・A・Te」を発行し，診療所の待合室に置いてもらうよう働きかけることで営業ツールとして活用している。他法人の連携室スタッフとの連携強化も図り10以上の病院と勉強会を兼ねた懇話会を定期的に開催している。足しげく地域の医療機関を訪れて，医師等と接点を持ち，懇親に努めた結果，約400人近い登録医と連携している。

出所：「フェイズ・スリー」2015年10月号。

プッシュ戦略　地域医療連携の推進

～済生会川口総合病院（400 床）　埼玉県川口市～

地域医療連携のための事務職員による診療所への訪問回数は年間 2,000 件以上であり，訪問エリアは所在の川口市以外の近隣など広域に及んでいる。

同院は専任事務職２人が患者紹介元の診療所への前方連携を担当している。単なる挨拶周りではなく，経営企画，広報，医療サービスの３部署による合同会議を毎月開催し月単位の営業テーマを討議し，経営戦略，広報戦略の観点から訪問先を選定し訪問している。

テーマ訪問先は状況に応じて臨機応変に変えている。紹介先の少ない診療所への医師同行訪問など重点訪問先へのターゲティング営業を実施している。

連携先の満足度向上のためのサービス向上に注力しており，同院の勤務医の情報を記載した「ドクターズファイル」というパンフレットを配布している。開業医からは勤務医の顔が見えると安心できると好評を得ている。

出所：「日経ヘルスケア」2013 年３月号。

プッシュ戦略　救急隊への働きかけ

～北原国際病院（110 床）急性期病院 脳神経疾患重点　東京都八王子市～

北原国際病院は，脳神経疾患に重点を置く急性期病院であり，救急患者を 24 時間 365 日で受け入れ専門性の高い医療を提供している。

救急車者応需を高めるために夜間の救急車受け入れ体制を見直し，救急隊からの要請はどのような状況だろうと原則断らない体制を構築した。さらに救急隊との関係構築に注力しお互いに顔の見える関係を構築することで信頼感を高め，対応可能な救急患者の確実な搬送につなげている。市内消防署の救急隊に対して年間数回の病院との勉強会を開催し，同院職員と救急隊職員が交流する懇親会も開催している。
　これらの取り組みが奏効し一旦67％まで落ち込んだ救急車応需率は97％にまで回復した。

出所：「フェイズ・スリー」2016年２月号より。

②　消費者向けの販売促進

消費者の購買意欲を直接刺激することを目的に行われるもので，価格訴求型販売促進と非価格訴求型販売促進に大別できる。

＜価格訴求型＞

値引きやクーポン，キャッシュバックなど，直接支払い負担を刺激するものや，増量キャンペーン，バンドリング（複数商品をひとまとめにして販売する）などのお得感を訴求するもの。

＜非価格訴求型＞

情報提供型（チラシ配布，ダイレクトメール，POP広告などを通じた情報提供），体験型（デモンストレーション，サンプリング，モニタリングなど実際に製品を試してもらうもの），インセンティブ提供（プレミアム，懸賞など製品以外のインセンティブを与えるもの），制度型（会員制など）などがある。

医療機関の保険診療にかかる診療費については公定価格であり値引は不可である。自由診療である人間ドックや美容整形，レーシックなどに価格訴求としての値引きなどが見られる。また，医療セミナーやパンフレットなどを通じた診療に関する情報提供や，会員制の健康クラブを設けているケースがある。

医療業界においては，製薬メーカーのMRや医薬品卸会社のMSによる，医師や薬剤師などへの医薬品に関する情報提供などが見られる。

③　流通業者向けの販売促進

取引の維持拡大のほか，消費者への情報提供や推奨販売，キャンペーンの協力その他の自社への協力姿勢を期待して，流通業者に対してさまざまな働きかけが行われる。流通業者への働きかけは，メーカーから見た川下への販売促進となる。

医療業界においては，製薬メーカーのMRや医薬品卸会社のMSによる，薬局への医薬品に関する情報提供などが見られる。

④　社内向けの販売促進

社内向けのコミュニケーションと間接的販売促進策が含まれる。社内向けコミュニケーションは，商品情報やブランド・アイデンティティを社内各署に知ってもらい全社的に共有していくための情報提供活動である。社内報での情報提供が典型的な例である。間接的販売促進策は，営業部門などへの販売コンテストなどで意欲を刺激し，営業力やサービスの向上を図る活動である。文字通り間接的に販売実績増進を図ろうとするものである。

医療機関においては，院内向けの社内報や患者サービス向上運動や接遇サービス向上運動などが該当する。

ケーススタディ　大学のマーケティング活動

それぞれの大学は学生に入学してもらうためのマーケティング活動を行っている。

筆者はこれまで大学院の広報委員会に所属して大学院入学者を増やすための広報活動や入学案内などにかかわっていた。

以下は大学院が入学者向けに行っているマーケティング活動である。

＜広報活動（プル戦略）＞

新聞，専門誌，学会誌などでの大学入学案内掲載

教員の各種媒体出演など

ホームページの掲載

社会人向けオープンセミナーを通しての広報

＜説明会等開催（プッシュ戦略）＞

オープンキャンパス開催

大学院個別説明会の開催

教員による各種講演会での入学案内

学生に入学してもらうために，毎年上記のようなマーケティング活動を行っている。その他に修了生や在学生の口コミによる入学者の勧誘も大きな効果がある。

何もしないで学生が入学してくることはないため，さまざまなマーケティング活動を行っている。さらに当たり前のことではあるが，大学院で行う教育内容の質は問われる。特に社会人大学院生は貴重な時間をかけて通学してくるので，授業内容などへの要求は厳しいものがある。このような要求に応えるために授業内容の質の充実を図ることは，大学のマーケティング活動として欠かすことができないものである。

参考文献

Abell, D. F.（1980）The Starting Point of Strategic Planning（石井淳蔵訳（1984）『事業の定義：戦略計画策定の出発点』千倉書房）.

Kotler, P. & K. Keller（2006）Marketing Management, 12th Edition Pearson Education, Inc.（月谷真紀訳（2014）『マーケティング・マネジメント（第12版）』丸善出版）.

グロービス・マネジメント・インスティテュート編（2006）『MBAマーケティング』ダイヤモンド社.

国際医療福祉大学医療福祉学部医療経営管理学科編（2004）『医療・福祉経営管理入門』国際医療福祉大学出版会.

嶋正・東徹（2013）『現代マーケティングの基礎知識』創成社.

真野俊樹（2011）『新版 医療マーケティング』日本評論社.

第5章 アカウンティング&ファイナンス

ヘルスケアスタッフがアカウンティングとファイナンスを学ぶ意義

さまざまなビジネスシーンにおいて，自社や取引先など関係する会社の経営実態を理解できる能力が重要になってきた。この会社の経営実態の把握には，企業の経営成績を表わす損益計算書や財政状態を表わす貸借対照表などの財務諸表を理解できる能力である会計リテラシーが必要になってきた。このことは，本書を読んでいただいているヘルスケア業界に従事するヘルスケアスタッフにおいても同様である。

企業会計の目的は，企業が会計基準や諸法令に則り公正妥当な会計処理を行い，企業の経営実態を明らかにすることで，株主，債権者，取引先などのステークホルダーに必要十分な情報提供を行うことである。公表された財務諸表を読み取り，経営実態を把握したうえで，取引などの重要な判断を下すために会計情報を活用することが必要である。

簿記会計の勉強では，貸借対照表や損益計算書の作成過程において複式簿記の理解が不可欠とされているが，実際に財務諸表の作成に携わる方よりも，でき上がった財務諸表の内容を理解し，ビジネスで役立てる方の方がはるかに多いのが実態である。かくいう筆者も，長く金融機関に勤務し融資業務に関わってきたが，財務諸表の作成にかかわったことは皆無である一方，財務分析のうえ企業向け融資にかかわったことは数えきれないほどであった。

簿記の知識がなくても会計基準や財務諸表に関する構造などの知識や分析を通して，企業や病院などヘルスケア機関の財政状態や経営成績やキャッシュフローの状況などを判断する能力を身に付けることはできる（さすがに銀行員であったので簿記の知識がなかったとはいわないが，一度も財務諸表の作成に関わったことはなかった）。

本章は，ヘルスケアスタッフの方々が財務諸表を理解するのに必要な会計リテラシーを身に付けていただく目的で記載している。

Ⅰ　アカウンティング

1　財務諸表について

企業会計の目的は，企業の財政状態や経営成績を適切に表現することにある。これは，企業の実態を表わした財務諸表などの会計情報を提供することで，企業の利害関係者（ステークホルダー）の判断に資するためのものである。

ステークホルダーが判断する意思決定は多岐にわたる。

経営者は，経営する企業の財務諸表によってさまざまな経営上の意思決定を行っている。

投資家は，財務諸表によって投資判断を行い，銀行等融資を行う債権者は財務諸表によって融資審査を行っている。

取引先は財務諸表によって債権の回収可能性を判断したうえで取引契約を締結する。

国地方自治体も財務諸表に基づく会計情報によって税金を徴収する。

企業の従業員も財務諸表の会計情報に基づき，就職や給与水準の判断を行っている。

このように，財務諸表による会計情報を利用するステークホルダーに対して，それぞれが意思決定を行うために必要な情報を提供することが求められている。

(1) 財務諸表の種類

財務諸表は企業の財務状況を明らかにするものであり複数の種類がある。

「貸借対照表」は，企業のある一定時点（会計年度末時点など）の財政状態を表わすものでバランスシート（B/S）とも言われている。

「損益計算書」は，一定期間の経営成績を表わすものでプロフィットロスステートメント（P/L）とも言われている。

「キャッシュフロー計算書」は，一定期間の経営活動に伴う現金の出入りを示すものでキャッシュフローステイツメント（C/S）とも言われている。

これらの財務諸表は，関係する法令によって，投資家や債権者などのステークホルダーに対して内容を公開することが求められている。企業の会計に関する公開は会社法と金融商品取引法によって定められている。医療法人の会計に関する公開は医療法によって定められている。

財務諸表の公開は，会社法は株主と債権者の保護を目的としており，金融商品取引法は一般投資家の保護を目的としている。そして医療法人は債権者などの保護を目的としている。

2　貸借対照表の説明

(1) 貸借対照表とは

貸借対照表（バランスシート）B/S は，ある一定時点（通常は決算期末）で企業が経営活動に利用している資金の調達方法とその資金がどのように運用されているのかを対照表示した計算書類である。

図５－１　貸借対照表の構成

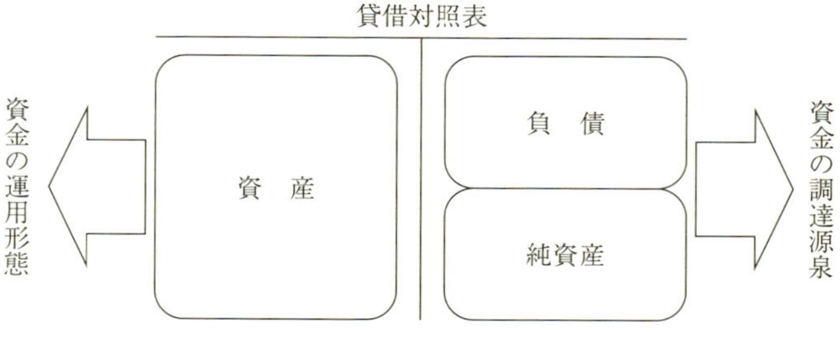

貸借対照表の右側には資金の調達源泉である負債と純資産が表示されている。右側に示される負債と純資産のうち負債はいずれ債権者へ返済が必要なため他人資本と呼ばれ，一方純資産は返済する必要がないため自己資本と呼ばれている。貸借対照表の左側には資金の運用形態である資産が示されている。貸借対照表は企業の資金の源泉と運用の双方を表現しており，左右の合計は等し

図５－２　貸借対照表の要素

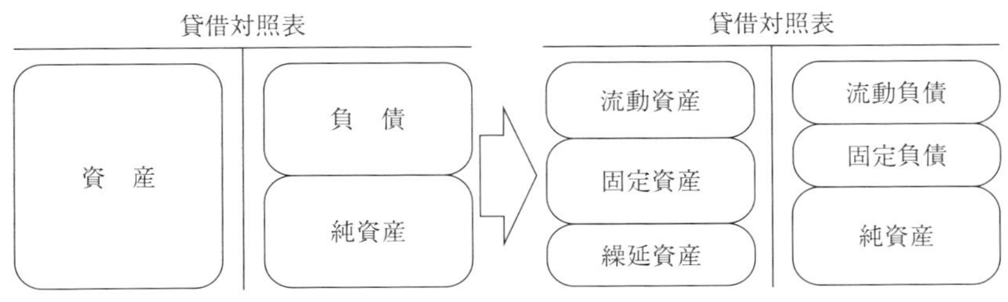

く，総資産＝負債合計＋純資産合計となる。

(2) 流動項目と固定項目の区分

貸借対照表は，左側の資産は流動資産，固定資産および繰延資産に区分され，右側の負債は流動負債と固定負債に区分して表示される。

資金の運用形態を表す資産は，運用している資金が短期で回収される部分を流動資産，そうでない部分を固定資産に分類し表示され，資金の調達源泉としての負債について短期間で返済するものを流動負債と表示し，返済が長期にわたるものを固定負債と表示する。この資産と負債を流動と固定に分類する基準は，「正常営業循環基準」と「ワンイヤー（1年基準）」がある。

＜正常営業循環基準＞

仕入 → 製造 → 販売に至る営業の循環を１つのサイクルと考え，このサイクルの過程にある項目を流動資産あるいは流動負債とする。それ以外の項目はワンイヤールールを適用する基準である。

＜ワンイヤールール＞

決算日翌日から起算して１年以内に予定された受取りまたは支払いの到来する債権および債務については，流動資産あるいは流動負債に区分し，それ以外は固定資産あるいは固定負債とする基準である。

資産を流動負債と固定負債に分類する際は，まず正常営業循環基準を適用する。この原則で流動資産に分類されなかった項目について次にワンイヤールールを適用し，該当するものは流動資産に分類され，該当しなかったものは固定資産に分類される。負債も同様に，まず正常営業循環基準を適用し，この原則で流動負債に分類されなかった項目について次にワンイヤールールを適用する。該当するものは流動負債であり，該当しなかったものは固定負債に分類される。

貸借対照表の配列方法については，流動資産と固定資産，流動負債と固定負債に分類した後，それぞれの項目について流動性の高い順に配列する流動性配列法が採用される。

(3) 資産とは

資産とは，将来において企業に経済的利益をもたらすと期待されるもので，貨幣額で表すことが可能なものをいう。企業が資産を保有するのは経済的利益を生み出すことを期待しているからであり，経済的利益を生み出すと期待されないものは資産とは扱われない。

資産は，現金預金，棚卸資産，材料，土地，建物などが含まれる。前述の通りに，資産は流動資産，固定資産，繰延資産の３つに分類される。流動資産と固定資産の分類は，正常営業循環基準とワンイヤールールが適用される。

＜貸借対照表例＞

貸　借　対　照　表

平成○○年3月31日

（単位：億円）

（資産の部）		
I　流動資産		
1　現金及び預金		150
2　受取手形		100
3　売掛金		190
4　有価証券		45
5　棚卸資産		140
6　その他		790
7　貸倒引当金		△ 30
流動資産合計		1,385
II　固定資産		
1　有形固定資産		
(1)　建　物	175	
(2)　構築物	35	
(3)　機械装置	230	
(4)　車両運搬具	25	
(5)　工具器具備品	130	
(6)　土　地	130	
(7)　建設仮勘定	50	775
2　無形固定資産		
(1)　ソフトウェア	45	
(2)　その他	5	50
3　投資その他の資産		
(1)　建　物	1,495	
(2)　構築物	2	
(3)　機械装置	145	
(4)　車両運搬具	△ 7	1,635
固定資産合計		2,460
III　繰越資産		
開発費	5	
繰越資産合計		5
資産合計		3,850

（負債の部）		
I　流動負債		
1　支払手形		210
2　買掛金		155
3　短期借入金		330
4　未払金		285
5　預り金		85
6　その他		70
流動資産合計		1,135
II　固定資産		
1　社　債		200
2　長期借入金		20
3　退職給付引当金		130
4　その他		535
固定資産合計		885
負債合計		2,020
（純資産の部）		
I　株主資本		
1　資本金		605
2　資本剰余金		805
3　利益剰余金		
(1)　利益準備金	55	
(2)　その他利益剰余金	480	535
4　自己株式		△ 130
株主資本合計		1,815
II　評価・換算差額等		
その他有価証券評価差額金		15
純資産合計		1,830
負債・純資産合計		3,850

①　流動資産

正常営業循環基準の過程にある項目や，ワンイヤールールに適用し，該当するものは流動資産に分類される。

＜主な流動資産項目＞

現金及び預金，受取手形，売掛金，有価証券（売買目的のもの，1年以内に満期到来する社債など）棚卸資産，前渡金，前払費用，繰延税金資産，未収収益，短期貸付金，未収入金など

②　固定資産

固定資産は企業が1年を超えて長期的に利用するために保有する資産，および現金となるまでの期間が決算日の翌日から起算して1年を超える金融資産を表わす。固定資産は形態的特徴から以下のように分類される。

有形固定資産

土地，建物，構築物，機械装置，車両運搬具，工具器具備品，建設仮勘定など物理的な形態を持っている固定資産である。固定資産は土地，建設仮勘定を除いて，使用や経年などによって価値が下落する。これを減価と呼ぶが，減価を直接的に把握するのは困難であるため，あらかじめ定められた一定の方法に従って取得原価を利用期間にわたって規則的に費用に配分することを減価償却と呼ぶ。

図5－3　資産の区分

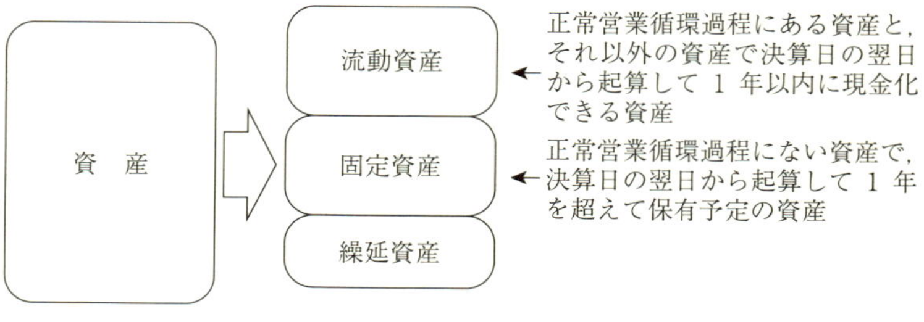

無形固定資産

特許権，商標権，ソフトウエア，のれんなど，固定資産のうち有形固定資産のように物理的形態を持たないもので，企業の収益獲得に貢献するものを無形固定資産という。

投資その他の資産

投資有価証券，長期貸付金，長期前払費用など，投資その他の資産は他社を支配するため，取引関係を維持するための資産，長期的余裕資金の運用のための資産などである。

③　繰延資産

繰延資産はすでに対価の支払いが完了しているもの，あるいは支払義務が確定し，これに対応する役務の提供を受けたにもかかわらず，その効果が将来にわたって発生すると期待されるために，その支出額を，効果が及ぶ将来の期間に費用として合理的に配分するために，経過的に貸借対象表に資産として計上した項目である。発生時に費用処理して貸借対照表上に計上しないことも認められている。

なお，病院の会計基準である病院会計原則では，繰延資産の項目はなく，発生時に費用処理することが多い。

(4)　負債とは

負債とは企業が負うべき経済的負担で，貨幣額で示すことができるものをいう。負債は企業にとって金銭あるいは財貨またはサービスを提供する義務を意味し，その金額が貨幣額によって示されるものである。

負債は資産同様に，正常営業循環基準とワンイヤールールに従って流動負債と固定負債に分類される。正常営業循環基準を適用し，この基準で流動負債に分類されなかった項目について，さらにワンイヤールールを適用し該当するものは流動負債に，該当しないものは固定負債に分類される。

図５－４　負債の分類

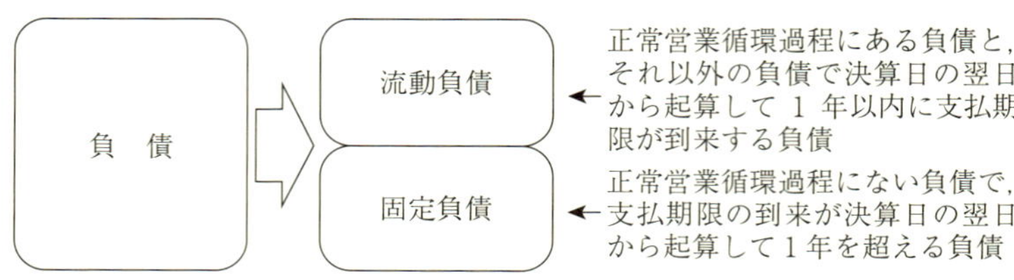

＜主な流動負債項目＞

支払手形，買掛金，短期借入金，未払金，未払費用，未払法人税等，繰延税金負債，前受金，預り金，前受収益，引当金，社債（1年以内償還）など

＜主な固定負債＞

社債，長期借入金，繰延税金負債，引当金

(5) 純資産

純資産は資産と負債の差額で表される。純資産はその発生源泉を重視し，株主資本，評価・換算差額等，および新株予約権に分類される。

株主資本は，株主が出資した部分である払込資本（会社の元本に相当する部分）とその元本を元手に会社が増やした部分である留保利益あるいは獲得利益（株主に分配されずに会社に留保されている部分）から構成されている。

図５－５　負純資産の項目

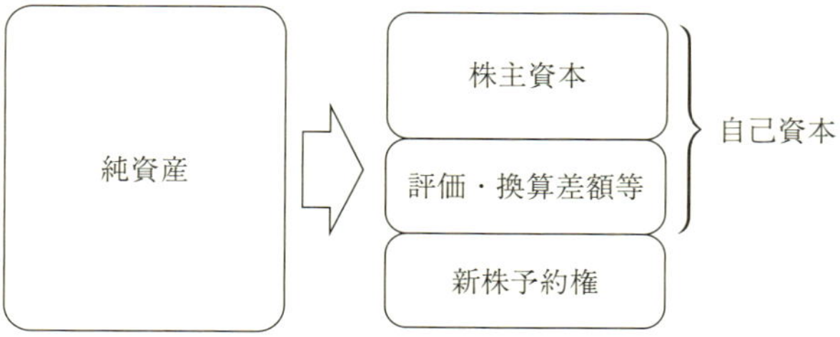

純資産

株主資本

評価・換算差額等

新株予約権

自己資本

①　株主資本

株主資本は，資本金，資本剰余金，利益剰余金，自己株式の４つに区分表示される。株主からの出資額は資本金に組み入れられることになっているが，２分の１を超えない額は資本金に組み入れずに資本剰余金とすることができる。利益剰余金は利益を源泉に会社に留保された留保利益である。株式会社が発行済みの自己株式を買い戻し，これを保有している場合はその株式を自己株式（金庫株）という。自己株式の取得は株主に対する会社財産の払い戻しと考えられ，期末に保有する自己株式は株主資本から控除する形式で表示される。

②　評価・換算差額等と新株予約権

評価・換算差額等には，その他有価証券評価差額などのように資産を時価で評価するが，評価差額を当期の損益計算書で認識しない場合に生じる項目である。その他有価証券評価差額金，繰延ヘッジ損益，土地再評価差額金などがある。

新株予約権とは，株主からの払込資本とは発生源泉が異なるため区分して記載されるものである。会社に対して一定期間あらかじめ定めた一定の価額で株式の交付を請求できる権利であり，その権利を割り当てられた者が権利行使の時または払込期日までに振り込んだ金額を新株予約権として表示する。

従来，貸借対照表の表示は資産負債および資本の部に区分され，資本の部は株主の払込資本と利益の留保額に区分されていた。しかし，資本を株主に帰属するもの，負債は返還義務を負うものに限定した結果，資本や負債に該当しない項目が出現した。代表例はその他有価証券評価差額金である。そのため，資産負債の定義に該当するものは資産負債の部に記載し，それらに該当しない項目を資産と負債の差額として純資産の部に記載することになった。

なお，病院会計準則は非営利を前提とする病院施設会計を目的としているため資産負債の差額は純資産として表示する。純資産の分類は開設主体の基準によって異なるため統一的な取り扱いはできない。

3　損益計算書の説明

企業の経営成績である1年間にどれだけ儲けたのかを示すものが損益計算書

＜損益計算書例＞

損　益　計　算　書
自　平成○○年4月1日
至　平成○○年3月31日

（単位：億円）

売上高		3,890
売上原価		3,195
売上総利益		695
販売費及び一般管理費		450
営業利益		245
営業外収益		
受取利息	3	
受取配当金	130	
雑収入	7	
営業外収益合計		140
営業外費用		
支払利息	5	
社債利息	10	
雑支出	35	
営業外費用合計		50
経常利益		335
特別利益		
固定資産売却益	10	
投資有価証券売却益	20	
前期損益修正益	5	
特別利益合計		35
特別損失		
固定資産売却損	35	
減損損失	30	
災害による損失	30	
特別損失合計		95
税引前当期純利益		275
法人税，住民税及び事業税		80
法人税等調整額		△ 45
当期純利益		240

プロフィットアンドロスステートメント（P/L）である。

儲けのことを利益といい，収益から費用を差し引いて計算する。

収益（企業活動で稼いだ金額）－ 費用（稼ぐために掛かった給料材料）＝ 利益（もうけ）

（1）５つの利益

図５－６　売上高と５つの利益の関係

<table>
<tr><td colspan="6">売上高</td></tr>
<tr><td colspan="5">売上総利益</td><td>売上原価</td></tr>
<tr><td colspan="4">営業利益</td><td>販管費</td><td>売上原価</td></tr>
<tr><td colspan="3">営業利益</td><td>営業外損益</td><td>販管費</td><td>売上原価</td></tr>
<tr><td colspan="2">税引前当期純利益</td><td>特別損益</td><td>営業外損益</td><td>販管費</td><td>売上原価</td></tr>
<tr><td>当期純利益</td><td>法人税等
法人税等調整額</td><td>特別損益</td><td>営業外損益</td><td>販管費</td><td>売上原価</td></tr>
</table>

＜売上総利益＞

売上総利益とは，本業の売上高から売上原価を引いたもので粗利益ともいう。

売上高（商品製品サービスの販売総額）－ 売上原価（商品の仕入代金，材料費製造経費）＝ 売上総利益（粗利益）（商品製品を販売したもうけ）

＜営業利益＞

営業利益とは，商品や製品を販売したもうけである売上総利益から販売や事務にかかる経費を差し引いた本業で稼いだ利益のことをいう。

売上総利益（商品製品を販売したもうけ）－ 販売費および一般管理費（販売事務にかかる経費）＝ 営業利益（本業でのもうけ）

病院会計準則の表示

病院会計準則では売上総利益（粗利益）は表示せずに営業利益に相当する医業利益を用いて表す。

＜医業利益＞

医業収益（入院診療収益，室料差額収益，外来診療収益，保健予防活動収益，受託検査・施設利用収益，その他の医業収益等）から医業費用（材料費，給与費，委託費，設備関係費，研究研修費，経費，控除対象外消費税等負担額等）を引いたもの利益をいう。

＜経常利益＞

経常利益とは，営業利益に本業以外で生じた投資収益や借入金の利子など資金調達コストを加算減算した利益で，経営努力の成果を表すものである。経常利益は会社の業績を判断する数値として重視されている。

営業利益（本業でのもうけ）＋ 営業外収益（利息，配当金など）－ 営業外費用（支払利息，雑支出など）＝ 経常利益（経営成果のもうけ）

病院会計準則の表示

医業利益 ＋ 医業外収益（利息，配当金など，患者外給食収益，運営費補助金収益，施設設備補助金収益等）－ 医業外費用（支払利息，有価証券売却損，患者外給食用材料費，診療費減免額等）＝ 経常利益

＜税引前当期純利益＞

税引前当期純利益とは，経常利益に臨時的に発生した特別の損益を加算減算した利益で，税金を控除する前の１年間に会社がもうけた利益を表す。

経常利益（経営成果のもうけ）＋ 特別利益（臨時に発生した利益）－ 特別損失（臨時に発生した損失）＝ 税引前当期純利益（会社がもうけた利益）

＜当期純利益＞

当期純利益とは，税引前当期純利益から税金を差し引いた後の１年間の最終的な利益を表している。当期純利益を源泉として株主に配当金が支払われるほか，留保利益として株主資本に計上される。

(2) ５つの利益をどのように見るか

損益計算書に表される５つの利益をどのように見るかは，企業のどのような業績を知りたいのか，どのような立場で損益計算書を見るかによって異なる。営業担当者であれば，本業のもうけを示す営業利益（医業利益）への関心が高いだろう。経営者であれば，経営努力の成果を表す経常利益が気になるであろう。経常利益は会社の業績を判断する数値として重視されているからである。株主であれば，当期純利益に注目するであろう。それは当期純利益が株主への配当原資となるからである。

このように，それぞれの立場によって，注目する利益は変わってくる。筆者が，銀行員であったときは，まず本業のもうけを表す営業利益に注目した後に，経営努力を表す経常利益を注視していた。そして銀行借入の返済原資となる当期純利益の数値に注目していた。

４　キャッシュフロー計算書の説明

キャッシュフロー計算書（キャッシュフローステイツメント　C/S）とは，一会計期間におけるキャッシュフローの状況を表示する計算書のことである。キャッシュフローとは資金の流入（キャッシュインフロー）と，資金の流出（キャッシュアウトフロー），それらの差額である正味キャッシュフローを意味する。貸借対照表，損益計算書とともに，財務諸表の１つと位置付けられている。

病院の会計に用いられる病院会計準則では，財務諸表として貸借対照表，損益計算書，キャッシュフロー計算書の作成が求められている。

(1) キャッシュフロー

勘定合って銭足らず，あるいは黒字倒産という言葉があるように，会計上はもうかっているのに，実際に支払いに充当するお金が足りなくなって結果として倒産にいたってしまうこともあるということもある。

どうしてこのようなことが起こるのだろうか？

これは損益計算書の期間収益額と現金収入額，期間費用額と現金支出額が必ずしも一致しないことに起因する。たとえば，商品を販売し，その代金を現金で受け取った場合は「売上」収益と同額の現金収入が得られる。しかし，商品を掛売し，売掛金を翌月に回収した場合は，収益計上と現金収入の時期にはズレが生じる。建物を１億円で購入し，全額を現金で支払った場合，減価償却費として当期損益計算に計上するのは費用配分の原則によって支出した１億円のうちの一部となる。その他，現金の収入・支出を伴わない収益・費用（貸倒引当金など）もある。

キャッシュフロー計算書は，損益計算書だけでは把握できないキャッシュフローに関する情報を提供してくれるのである。

ここで，キャッシュフロー計算書が対象とするキャッシュ（資金）の範囲は，現金及び現金同等物であり，キャッシュフローとは，現金及び現金同等物の流入流出を意味するのである。

(2) キャッシュフロー計算書のしくみ

キャッシュフロー計算書は，一定期間のキャッシュインフローとキャッシュアウトフローを企業の主要な３つの活動である，営業活動，投資活動，財務活動に分けて表示し，差額としての正味のキャッシュフローを計算する。

キャッシュフロー計算書の基本的仕組み

Ⅰ　営業活動によるキャッシュ・フロー
　１．営業活動からの収入（A）
　２．営業活動への支出（B）
　　営業活動によるキャッシュ・フローの増減額（C ＝ A － B）
Ⅱ　投資活動によるキャッシュ・フロー
　１．投資活動からの収入（D）
　２．投資活動への支出（E）
　　投資活動によるキャッシュ・フローの増減額（F ＝ D － E）
Ⅲ　財務活動によるキャッシュ・フロー
　１．財務活動からの収入（G）
　２．財務活動への支出（H）
　　財務活動によるキャッシュ・フローの増減額（I ＝ G － H）
Ⅳ　現金及び現金同等物の増減額（J ＝ C ＋ F ＋ I）
Ⅴ　現金及び現金同等物の期首残高（K）
Ⅵ　現金及び現金同等物の期末残高（L ＝ J ＋ K）

①　営業活動によるキャッシュフロー

営業活動とは，企業が営む本業のことであり，商品の売買，製品の製造・販売，サービスの提供に関する諸活動を意味する。

この区分は次の項目も記載される。

商品・サービスの販売による収入
商品・サービスの購入による支出
従業員等に対する報酬の支出

また，投資活動および財務活動以外の活動によるキャッシュフローもこの区分に含まれる。

営業活動によるキャッシュフローは本業の現金創出能力を示すものである。この区分で表される情報によって，本業によるキャッシュフローで新規設備投資などに必要な資金を賄えるか，外部からの資金調達を行わないで借入金の返済などができるかについて判断することが可能になる。

② 投資活動によるキャッシュフロー

投資活動とは，企業の営業能力を維持拡張するための設備投資，資金運用を目的とした金融商品への投資，第三者への融資に関連する諸活動を意味する。この区分では，次のような項目が記載される。

有形固定資産，有価証券，投資有価証券の取得による支出
有形固定資産，有価証券，投資有価証券の売却による収入
貸付による支出
貸付金の回収による収入

投資活動によるキャッシュフローの区分の情報によって，将来の利益やキャッシュフローを生み出すための投資は十分か，資産売却の内容や価値は適切かについて知ることができる。

③ 財務活動によるキャッシュフロー

財務活動とは，企業経営にとって必要な，銀行借入，社債発行，株式発行などの資金調達や借入返済や社債償還などの資金返済や配当金分配などに関する諸活動を表している。この区分には次のような項目が記載される。

借入による収入
社債発行による収入
株式発行による収入
借入金返済による支出
社債の償還による支出
自己株式の取得による支出
配当金の支払い

財務活動によるキャッシュフローの区分の情報から，営業活動によって生じた余剰資金あるいは不足資金の調整と，同様に投資活動によって生じた余剰資金あるいは不足資金がどのように調整されているのか（たとえば追加借入の発生，借入金返済，増資など）が分かるのである。

これらの３つのキャッシュフロー（営業活動によるキャッシュフロー，投資活動によるキャッシュフロー，財務活動によるキャッシュフロー）の増減額を集計することで，会計期間における現金及び現金同等物の増減額が表されるのである。現金及び現金同等物の期首残高に現金及び現金同等物の増減額を加算することで，現金及び現金同等物の期末残高を計算することができる。

5　財務諸表分析

経営組織である企業や医療機関などの経営に関心のある利害関係者（ステークホルダー）に経営状況を知らせる媒介の１つに財務諸表があり，それらを読みこなすことで企業の経営状況を知ることができる。

企業や病院などの経営状況を読み，解釈するための理論・技法などを扱うことを財務諸表分析という。企業や病院などの経理部門によって作成された財務諸表をさまざまな意思決定や判断に利用するのが財務諸表分析であり，企業や病院などの経営組織の状況を判断する手順や方法である。

財務諸表分析において，財務諸表作成のルールである会計基準を知らないで分析を行うことは困難であるため，これまでページを割いて会計基準について述べてきたのである。

(1) 財務諸表分析の関係者と対象情報

①　内部分析と外部分析

財務諸表分析に当たっては，企業や病院など分析対象先の財務諸表を入手する必要がある。病院や企業の経営者や管理者などの内部関係者が経営組織の分析をする場合は，外部関係者よりさまざまな情報を入手しやすい状況にある。このように内部関係者が組織内の情報を利用した分析を内部分析と呼ぶ。本書の読者が自分の勤務する企業や病院などの財務諸表を入手して分析する場合が内部分析に当る。

一方，企業や病院などの外部の関係者である場合は，入手できる情報には制約がある。外部関係者による分析を外部分析と呼ぶ。外部関係者には取引銀行など情報提供を要求できる立場にある者もいるが，入手できる情報には制約がある。たとえば，病院の経営母体の医療法人の財務諸表は医療法により情報開示が定められているが，病院そのものの財務諸表の情報開示は定められていない。

②　定量情報と定性情報

さまざまな分析の対象となる企業（病院）情報には，数値として表現できる定量情報と数値として表現しにくい質的な定性情報がある。情報が金額で表されている財務諸表分析は定量情報である。

財務諸表分析に際しては，分析対象企業についてできるだけ詳しく知っていることが望まれる。そのためには財務諸表などの定量情報のみでなく，数値で表しにくい分析対象の独自性，業種特性，経営者の資質，従業員の状況などの定性情報をあわせて入手することも必要になる。

	定量情報	定性情報
表現方法	数　値	文　章
情報例	財務諸表	業界特性
	販売数量	業界内ポジション
	販売シェア	業界規制動向
	生産数量	経営者資質
	従業員数	技術力
	営業所数	職員熟練度

(2) 財務諸表分析の限界

財務諸表分析は，基本的に過去の数値をもとに分析するものであり，将来を予想した情報ではないことに留意する必要がある。貸借対照表は終了した事業年度末の財政状態を表し，損益計算書は終了した事業年度の経営成績を表し，キャッシュフロー計算書も同様に終了した事業年度の収支状況を表しているからである。ここに財務諸表分析の限界がある。

それでは，過去を分析対象とする財務諸表分析は無駄なのであろうか？

過去は未来の延長線上にあることを考えれば，過去を分析することである程度の将来予測も成り立つ。また財務諸表分析は，時系列分析という手法により過去の推移がわかるものもある。時系列分析や趨勢分析などの手法を活用することで過去の推移と併せてある程度の将来予測も成り立つのである。

(3) 財務諸表分析方法の基本

比率分析

数値Ａを数値Ｂで割って結果をＡ/Ｂのパーセントで表示するもので最も多く利用される方法である。

実数分析

差額計算，単位の異なる数値の割り算など結果は金額値で表される方法である。１人当たり分析などに利用される。

比較分析（ベンチマーク分析）

標準指標との比較

各種機関が公表している業種別指標，産業別指標などを基準値としてそれら指標との比較で分析対象先の指標の良否を判断する方法である。

標準指標との比較による判断は，平均的な数値と比べた良否の判断になる。標準地よりも良い，悪いという判断ができる。

時系列分析（ヒストリカル分析）

１つの分析対象先について，数期間にわたっていくつかの指標を算定し，指標の年度間の比較から改善傾向にあるのか悪化傾向にあるのかを判断する方法である。

百分比財務諸表分析（財務諸表のパーセント表示）

財務諸表は数値の羅列であり，比較しにくいものである。そのため，もっとも基礎的な分析指標を得るのが百分比財務諸表分析（財務諸表のパーセント表示）である。これは，貸借対照表と損益計算書の各項目の割合をパーセント表示し，比較できるようにするものである。

貸借対照表構成比率（百分比貸借対照表）

貸借対照表項目のパーセント表示は，貸借対照表構成比率と呼ばれる。これは，貸借対照表の各項目の金額を総資産の金額で割って百分比（パーセント）で表現するものである。

総資産を 100 とした各項目のパーセントによって，多様な分析対象先の比較が可能になる。

（資産の部）			（負債の部）		
Ⅰ　流動資産		35.0	Ⅰ　流動負債		30.0
1　現金及び預金	4.0		1　仕入債務	10.0	
2　売上債券	7.0		2　短期借入金	9.0	
3　有価証券	1.0		3　その他の流動負債	11.0	
4　棚卸資産	4.0		Ⅱ　固定負債		23.0
5　その他の流動資産	19.0		1　社　債	13.0	
Ⅱ　固定資産		65.0	2　長期借入金	6.0	
1　有形固定資産	20.0		3　その他の固定負債	4.0	
2　無形固定資産	2.0		負債合計		53.0
3　投資その他の資産	43.0		（純資産の部）		
Ⅲ　繰延資産		0.0	Ⅰ　株主資本		47.0
			1　資本金	16.0	
			2　資本剰余金	21.0	
			3　利益剰余金	14.0	
			4　自己株式	△ 4.0	
			Ⅱ　評価・換算差額等		0.0
			純資産合計		47.0
資産合計		100.0	負債・純資産合計		100.0

損益計算書百分比（百分比損益計算書）

損益計算書の各項目の金額を売上高（売上収益，営業収益）の金額で割って，百分比（パーセント）で表現するものである。

利益項目の比率を売上高利益率あるいは利益率という。損益計算書の５つの利益，売上総利益，営業利益，経常利益，税引前当期利益，当期純利益について，それぞれ利益率の指標の分析が可能になる。原価・費用の項目についても同様に原価率，費用率が計算できる。

（%）

項目		
売　上　高		100.0
売上原価		82.0
売上総利益		18.0
販売費及び一般管理費		12.0
営業利益		6.0
営業外収益		
受取利息	0.1	
受取配当金	3.5	
雑　収　入	0.1	
営業外収益合計		3.7
営業外費用		
支払利息	0.3	
社債利息	0.1	
雑　支　出	1.1	
営業外費用合計		1.5
経常利益		8.2
特別利益		1.0
特別損失		2.2
税引前当期純利益		7.0
法人税，住民税及び事業税		2.0
法人税等調整額		△ 1.0
当期純利益		6.0

(4) 財務諸表分析の５分類

財務諸表分析は，その分析する目的によっていくつかに分類できる。本書では，それらのうち分析目的によって５つに分類する。

５つの分類は，①総合力の分析，②収益性の分析，③効率性の分析，④安全性の分析，⑤成長性の分析である。

① 総合力の分析

財務分析の最も基本となるのが総合力の分析である。総合力とは企業や病院全体として利益を上げることのできる力である総合的な収益性のことを示すもので，分析対象先の企業や病院に投入した資金がどの程度利益に結び付いているかを測定するものである。

具体的に用いられる指標は，出資者からの出資分とこれまでの利益の累積分の合計である純資産がどれだけ利益を生み出しているかを表すROE（Return on Equity：自己資本利益率）と，どれだけの資産を使ってどれだけの利益を上げているのかを表すROA（Return on Assets：総資産利益率）があり，これらの数値が高いことは総合的な収益力が高い企業や病院であることを表す。

<総合力を見抜く指標>

ROE（Return on Equity：自己資本利益率）　ROE＝当期純利益÷自己資本
ROA（Return on Assets：総資産利益率）　ROA＝経常利益÷総資産

尚　ROEは以下のように３つの比率に分類することができる

ROE＝売上高当期純利益（当期純利益／売上高）×総資産回転率（売上高／総資産）×財務レバレッジ（総資産／自己資本）

ROEの数値を上げるには，売上高当期純利益，総資産回転率，あるいは財務レバレッジの向上が必要になることがわかる。

次に，ROAは以下のように２つの指標に分類できる。

ROA ＝ 売上高経常利益率（経常利益／売上高）× 総資産回転率（売上高／総資産）

ROA の数値を上げるには，売上高経常利益率，総資産回転率の向上が必要になる。

②　収益性の分析

収益性を分析することは，分析対象先企業や病院が利益を上げることのできる力を，構造的な面から分析することである。収益性を分析する方法は，売上高に対してどのくらいの利益を上げているのかを示す売上高利益率を用いるのが一般的である。

この指標はどのような利益を用いるのかによって，売上高総利益率，売上高営業利益率，売上高経常利益率，売上高当期純利益率の４つに分けられる。

＜収益性を見抜く指標＞

・売上高総利益率 ＝ 売上総利益 ÷ 売上高

この指標は，販売している商品の粗利益が高いのかを表している。商品原価の状況を表すものである。なお，病院などの会計に用いられる病院会計準則では売上総利益を表す概念はないため，通常この指標は分析には使用されない。

・売上高営業利益率 ＝ 営業利益 ÷ 売上高

・売上高医業利益率 ＝ 医業利益 ÷ 医業収益（病院会計準則の場合）

この指標は，企業の本業での営業活動による利益率である。病院の場合は，病院の本業における利益率を表す。この比率を同業他社と比較することで販売活動や管理活動の効率性を知ることができる。

・売上高経常利益率 ＝ 経常利益 ÷ 売上高

この指標は，企業や病院の財務活動なども含めた通常の経営活動における利益率であり，資金調達力の違いなどの財務体質も含めた総合的な収益性を表している。

・売上高当期純利益率 ＝ 当期純利益 ÷ 売上高

この指標は，分析対象先の企業や病院のすべての活動の結果として得られる利益率であり，最終的な利益の比率として，企業の活動が株主の配当原資になることで純資産の増加にどれだけ結び付くかを表している。病院の場合は純資産の増加にどれだけ貢献するかを表すことになる。

③　効率性の分析

効率性の分析とは，売上高や売上原価に対してどのくらい資産や負債があるのかを表す回転率（あるいは回転期間）を用いることで，分析対象の企業や病院の経営がどの程度効率的に行われているのかを分析することができる。

分析に使用される代表的な指標は，総資産回転率，売上債権回転率，たな卸資産回転率，仕入債務回転率などがある。

＜効率性を見抜く指標＞

・総資産回転率 ＝ 売上高 ÷ 総資産

・総資産回転期間 ＝ 総資産 ÷（売上高 ÷ 365）

この指標は，分析対象の企業や病院の資産をどの程度効率的に使って売上げを達成したのかを表す比率である。この数値が高いほど資産が効率的に売上げに結び付いたことを表している。総資産回転期間は，総資産が売上高の何日分であるのかを表している。

・売上債権回転率 ＝ 売上高 ÷ 売上債権

・売上債権回転期間 ＝ 売上債権 ÷（売上高 ÷ 365）

この指標は，分析対象の企業や病院の売上債権（受取手形，売掛金，未収金など）の回収がどの程度効率的に行われているのかを表している。この数値が低いほど債権回収に日数がかかっていることを表しており，売上げが発生した時から売上債権として資金が拘束されている期間が長いことを意味する。

・たな卸資産回転率 ＝ 売上原価 ÷ たな卸資産

・たな卸資産回転期間 ＝ たな卸資産 ÷（売上原価 ÷ 365）

たな卸資産回転率は，分析対象の企業や病院がたな卸資産（商品，製品，原材料，仕掛品，貯蔵品など）をどの程度のレベルまで効率的に減らしているかを表している。

・仕入債務回転率 ＝ 売上原価 ÷ 仕入債務

・仕入債務回転期間 ＝ 仕入債務 ÷（売上原価 ÷ 365）

仕入債務回転率は，分析対象の企業や病院の仕入債務（支払手形，買掛金，未払金など）の支払いをどの程度効率的に行っているかを表している。この比率が低いことは支払いの日数が長いことを意味する。そしてこの数値が低下しているようであれば，支払いを伸ばしている可能性もある。

④　安全性の分析

安全性の分析は，分析対象先である企業や病院などの財務的な安定性と資金の支払い能力の判断を行うのが安全性の分析である。

安全性の指標は，企業や病院の支払い能力，銀行借入などの返済能力の判定指標として，主に貸借対照表の単表分析によって得ることができる。

代表的な指標として，流動比率，固定比率，固定長期適合率，自己資本比率がある。

<安全性を見抜く指標>

・流動比率 ＝ 流動資産 ÷ 流動負債

流動比率は，短期的な支払能力がどの程度あるのかを表し，短期間（1年以内）に支払う予定の流動負債が，同じく短期間（1年以内）に現金化される予定の流動資産でどの程度賄うことができるのかを表している。流動比率は100%以下の場合，短期間の支払い能力に問題があるとみられる。一般的に120%以上は必要であると見られている。

・固定比率 ＝ 固定資産 ÷ 純資産

固定比率は，分析対象の企業や病院の固定資産に対する資金調達源泉の安定性を表す指標で，固定資産に向けた資金調達をどれだけ返済負担のない純資産で賄っているかを示すものである。この数値が低いほど固定資産についての資金調達が安定していることを表している。

・固定長期適合率 ＝ 固定資産 ÷（固定負債 ＋ 純資産）

固定長期適合率は，純資産だけでなく，安定的な資金源を広くとらえて，社債や長期借入金などの固定負債を加えたもので，固定資産に向けた資金調達を賄っているのかを表す指標である。この数値が100%以上である場合は，固定資産に向けた資金調達を短期資金で賄っていることを表している。

・自己資本比率 ＝ 自己資本 ÷総資産

自己資本比率は，自己資本と負債の割合を考慮した長期の安全性を分析する指標である。返済が必要な他人資本ではない自己資本が多ければ長期的に財務の安全性が高いことを表している。

⑤　成長性の分析

企業はゴーイングコンサーンの概念に基づき，継続して成長していくことを前提に経営を行っている。そして，経営結果としての利益を追求することは営利企業や非営利法人である病院にあっても必要なことである。分析対象の企業や病院が業界において成長しているのか，売上高や総資産の成長状況を分析することは大切なことになる。

成長性の分析の代表的な指標として，売上高成長率や総資産成長率がある。

<成長性を見抜く指標>

・売上高成長率 ＝ 売上高増加額 ÷ 基準時点の売上高

売上高成長率は，会社の成長性を表す最も基本的な指標であり，この数値が高いことは分析対象先企業や病院の規模が大きくなっていることを示す。ただし，売上高成長率が高くても，その値が業界内の市場成長率を下回っている場合は，業界平均並みに成長していないことを表しているので注意が必要になる。

・総資産成長率 ＝ 総資産増加額 ÷ 基準時点の総資産残高

総資産成長率が高いほど，分析対象の企業や病院の財政状態の規模が大きくなっていることを表している。ただし，売上高の増加や利益の増加が伴っていない場合は，総資産の増加が何によって増えているのかを把握する必要がある。

(5) 財務諸表分析の留意点

財務諸表分析の目的は，財務諸表を読みこなすことで企業の経営状況を知り，利害関係者のさまざまな意思決定や判断に利用するために行われる。ここでは，財務諸表分析についての留意点を簡単に述べる。

第１に，財務諸表に表れない項目の評価である。病院などの医療機関は，労働集約的な組織である。そのため，医療機関に勤務する医療スタッフなどの人的資源や診療技術の違いが大きく経営成績に影響を及ぼす。しかし，これらは会計上の資産に計上されておらず，資産分析では，その実態を把握するのは難しい。

第２に，業界特性による差異に注意することである。大きく医療業界にあっても，製造業の医薬品メーカーと卸売業である医薬品卸会社の財務内容を比較することは困難である。同様に同じ病院であっても急性期医療の病院と慢性期医療の病院では，財務内容が大きく異なる。

第３に，分析対象の成長ステージによる特性がある。成長期段階，成熟期段階において（創業期，衰退期もあるが分析対象先は大部分が成長期あるいは成熟期である），成長期にある企業などには売上げを伸ばすよう積極的に設備投資を行い，銀行からの資金調達により固定負債も増加する傾向にあるが，成熟期にある企業は，会社の規模と比較して大規模な設備投資は行われず，固定負債は少なくなる傾向がある。このように，同じ業種に属する企業でも，歴史の長い企業と新興企業を同じように分析することはできない。

6　損益分岐点分析

損益分岐点（Break Even Point：BEP）とは，収益と費用が一致する売上高のこ

図５－７　損益分岐点図

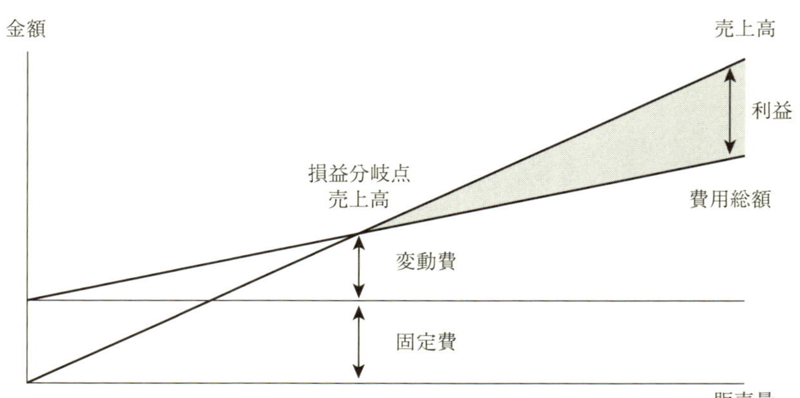

とで，損出と利益が分岐する利益がゼロの状態のことである。

期間損益は，期間売上から期間費用を差し引いて計算される。売上高は，単価に売上数量をかけた金額で表わされる。単価が一定の場合，売上高は売上数量に比例する。費用は売上数量に比例する費用（変動費）と，売上数量の増減に無関係に発生する費用（固定費）がある。

これらの売上高の変動，費用の変動，それらに伴う利益の関係から企業の採算性を分析する手法が損益分岐点分析である。

（1）費用－変動費と固定費

費用は，売上高に比例する変動費と売上高に無関係に一定額発生する固定費用がある。変動費には，材料費，売上原価があり，固定費には，減価償却費や保険料などがある。

損益分岐点の分析では，費用を固定費と変動費に区分することが重要である。個々の費用は変動費用的要素と固定費用的要素を併せ持つことも多く，厳密に固定費と変動費に分けることは簡単ではない。

そのため，項目によって固定費的な要素が大きい費用は固定費，変動費用的な要素の大きい費用は変動費と区分することで対応することが多い。

なお，費用項目の区分には，中小企業庁方式と日本銀行方式による方法がある。

中小企業庁方式

変 動 費 ＝ 売上原価 － 労務費 － 賃借料 － 租税公課

固定費用 ＝ 販売費および管理費 ＋ 労務費 ＋ 賃借料 ＋ 租税公課 － 営業外収益 ＋ 営業外費用

日本銀行方式

変動費 ＝ 売上原価 － 労務費 －（経費 － 外注加工費 － 動力燃料費）＋荷造運搬費

固定費 ＝（販売費および一般管理費 － 荷造運搬費）＋ 労務費 ＋（経費 － 外注加工費 － 動力燃料費）＋ 営業外費用 － 営業外収益

両方式を検討する。変動費の項目は細かい要素も加減しているものの，結果として材料費とそれに類する費用で構成されている。そのうえで，それ以外の項目は固定費に区分している。項目によっては財務諸表から入手することが困難な要素も含まれている。

外部関係者が財務諸表から変動費と固定費に分類する場合は，材料費などの売上原価を変動費として，販売費および一般管理費と営業外費用を固定費に区分したうえで，損益分岐点分析を行うこともある。

(2) 損益分岐点売上高の求め方

損益分岐点を計算するに際し，まずすべての費用（売上原価，販売費および管理費，営業外費用）を変動費と固定費に分類することが必要になる。

次にそこで分類された変動費と固定費を使って損益分岐点売上高を計算する。

売上高，固定費，変動費，利益の関係は次のような関係がある。

利益 = 売上高 − （変動費 + 固定費）

ここで売上高ゼロの場合，変動費もゼロだが，固定費は発生する。
この時点を表すと次の式になる。

損失= 0 − （0 + 固定費） = 固定費

売上が計上されると，それに伴って変動費も発生する。そして，費用合計は変動費と固定費の合計であり変動費の増加分だけ増えることとなる。それでも，当初は費用合計額が売上高を上回っており，費用合計と売上高との差額は損失となっている。

売上高 ＜（変動費 + 固定費）
損失 = 売上高 − 費用合計

ここから売上高が増加すると，売上高と費用合計が一致することになる。この売上高が損益分岐点の売上高であり，次の式となる。

売　上　高 ＝（変動費 ＋ 固定費）
利益ゼロ ＝ 売上高 － 費用合計（変動費 ＋ 固定費）

これは，売上高から費用合計を差し引いた利益はゼロであり，この売上高が採算点である損益分岐点を意味するものである。

損益分岐点を超えて売上高が増えていくと，これ以降は売上高が費用合計を上回り，次の式のように利益が出ることになる。

売上高 ＞（変動費用 ＋ 固定費）
利益 ＝ 売上高 － 費用合計

①　変動費率と限界利益率の計算

ある企業の損益計算書が以下であり，費用合計を変動費と固定費に区分できたとする。

損益計算書

売上高	2,000	
総費用	1,800	（変動費　1,200　固定費　600）
経常利益	200	

この式を下記のように組み替える

変動計算書

売上高	2,000
変動費	1,200
限界利益	800
固定費	600
経常利益	200

限界利益とは，売上高が１単位増減することにつれて増減する利益のことであり，貢献利益ともいわれる。売上高と変動費は比例して変動し，限界利益も同様となる。

売上高に対する変動費の割合を変動費率といい，限界利益の割合を限界利益率と呼び，次の式で表すことができる。

変動比率　　　変動費／売上高
限界利益率　　１－変動費率 ＝ １－変動費／売上高 ＝ 限界利益／売上高

この事例では，

変動費率　　　1,200 ／ 2,000 ＝ 0.6
限界利益率　　1 － 0.6 ＝ 1 －（1,200 ／ 2,000）＝ 800 ／ 2,000 ＝ 0.4

これは，売上高１円の増減に対して，変動費は 0.6 円　限界利益は 0.4 円増減することを表している。

②　損益分岐点の計算

変動費と限界利益は売上高に比例して増減するが，固定費は文字通り一定である。そこで売上高－変動費である限界利益が固定費をカバーする売上高である限界利益が固定費と等しくなる売上高が損益分岐点売上高となる。

損益分岐点売上高　　固定費 ÷（1 － 変動費／売上高）
損益分岐点売上高　　固定費 ÷（1 － 変動費率）
損益分岐点売上高　　固定費 ÷ 限界利益率

事例の場合は以下となる

損益分岐点売上高 ＝ 600 ÷（ 1 － 1,200 ／ 2,000）
＝ 600 ÷（ 1 － 0.6）
＝ 600 ÷ 0.4
＝ 1,500

損益分岐点構成

売上高	1,500	（100％）	
変動費	900	（60％）	
限界利益	600	（40％）	←（限界利益が固定費に一致する）
固定費	600		
経常利益	0		

（3）損益分岐点に関連する指標

損益分岐点比率

損益分岐点比率は，実際の売上高を100％としたときに，損益分岐点のどのような位置にあるのかを示すもので，次の式で求めることができる。

損益分岐点比率　　損益分岐点／売上高 × 100（％）

事例では以下となる

損益分岐点比率　　1,500 ／ 2,000 × 100（％）＝ 75（％）

これは，実際の売上高は2,000であったのに対してその75％の段階で採算点にあることを表している。

経営安全率

この指標は，仮に売上高が実績値に達していなかった場合でも，損失にならない余裕がどの程度あるかを示すもので，安全余裕率とも呼ばれている。

経営安全率　　100（％）－ 損益分岐点比率（％）

事例では以下になる

経営安全率 ＝ 100 － 75 ＝ 25（％）

これは，実際には2,000であった売上高が25％落ち込んでも損失にはならないことを表している。

目標利益達成売上高

この式を用いることで，一定の目標利益を得るための売上高の算出も可能である。

目標利益 ＝ 限界利益 − 固定費

したがって，目標利益を達成するための売上高は以下になる

目標利益達成売上高 ＝（固定費 ＋ 目標利益）÷ 限界利益率

<損益分岐点のケーススタディ１>

A病院は手術支援ロボット「ダビンチ　サージカルシステム」の導入を検討している。

そこで導入した場合の損益分岐点分析を行った。

ダビンチ購入費用　170,000千円

売上高　114,336千円（保険診療点数952,800円×年間120件）（診療点数はH27年現在）

固定費　74,300千円（人件費27,000千円＋保守メンテナンス費19,000千円＋減価償却費28,300千円）

固定費内訳（人件費内訳　医師10,000千円×２人＋看護師3,500千円×２人　減価償却費は６年定額法）

変動費　39,600千円（交換用医療器材330千円×年間120件）

売上高（114,336千円）－変動費（39,600千円）＝限界利益（74,736千円）

利　益＝限界利益（74,736千円）－固定費（74,300千円）＝436千円

損益分岐点売上高 ＝ 固定費（74,300千円／限界利益率（74,736千円÷114,336千円）×100%）＝74,300千円／65.3%＝113,782千円

ここで損益分岐点となる年間手術件数を検証する。

損益分岐点売上高113,782千円÷保険診療点数952,800円＝119件となる。

本例で用いた年間120件は，何とか損益分岐点売上高を上回る手術件数である。

A病院は，ダビンチを導入して年間119件の手術件数をクリアできない場合は赤字となる！

＜損益分岐点のケーススタディ2＞

B病院はがん分野に強みがある。そこでがん予防医療の推進のためPET/CTの導入を検討している。

PET/CTを導入した場合の損益分岐点分析

PET/CT購入費用　275,000千円（本体200,000千円＋附属機器75,000千円）

建物増設　200,000千円

売上高　226,800千円（1件94,500円×2,400件（10件／日×240日）

変動費　108,600千円

（薬品費108,000千円（FDG　45,000円×2,400件）＋医療材料費600千円）

固定費　83,900千円

（人件費4,700千円＋保守メンテナンス費用20,000千円＋減価償却費59,200千円）

＜人件費4,700千円内訳＞

放射線技師4,500千円　パート看護師200千円

<減価償却費用　59,200千円内訳>
建物減価償却費13,400千円（15年定額法），医療機器償却費33,300千円（6年定額法），附属設備償却費12,500千円（6年定額法）

売上高226,800千円－変動費108,600千円＝限界利益118,200千円
限界利益118,200千円－固定費83,900千円＝利益34,300千円
損益分岐点売上高＝固定費83,900千円／限界利益率（118,200千円÷226,800千円×100%）＝83,900千円／52.1%＝161,036千円

ここで損益分岐点となる年間取扱件数を検証する。
損益分岐点売上高161,036千円÷94,500円＝1,704件となる。
1,704件÷240日＝7.1件
1日当たり8件以上の取り扱いが必要になる。
B病院は，1日当たり8件以上の取扱件数は見込めるものとしてPET/CTの導入を決定した。

7　バランス・スコアカード（BSC）

BSC（バランス・スコアカード）は，1992年にロバート・S・キャプランとデビッド・P・ノートンが発表した経営管理手法である。管理会計あるいは管理者の意思決定を支援するツールや戦略実行の計画立案のツールとして企業は採用している。

バランス・スコアカードは「バランス」と「スコアカード」という2つの単語から成っており，「バランス」が意味するものは，①短期的な業績評価指標と中長期的な業績評価指標，②財務的指標と非財務的指標，そして③外部ステークホルダーの視点と内部ステークホルダーの視点の「バランス」を取るこ

図５－８　ヘルスケア施設のBSC

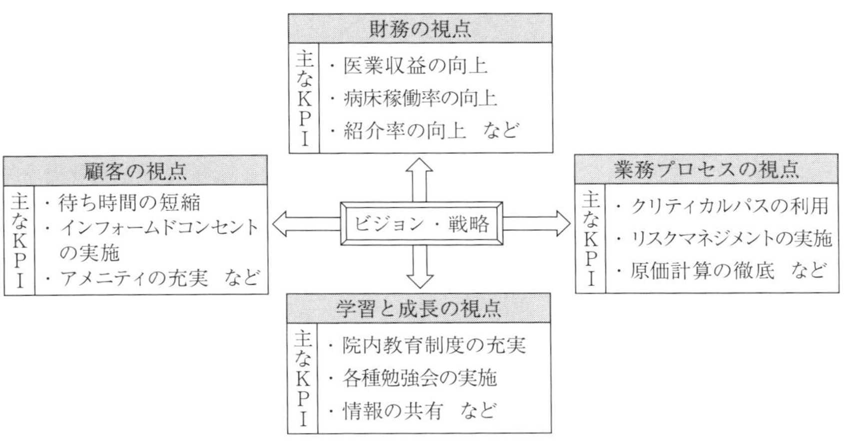

出所：福原（2004）p.89。

とを意味している。一方「スコアカード」は，１枚の「カード」上に業績評価を極力「定量化」することによって，客観的な「スコア」としてまとめ上げ，組織の構成員が，自社の業績の構造や今期の計画に対する実績を一目で鳥瞰するツールを意味している。

BSCは，業績評価ツールとして登場したが，やがて経営管理ツールとして利用され，さらには戦略策定ツールや経営品質改善ツールとして利用されている。

(1) BSCの特徴

＜４つの視点＞

バランス・スコアカードは事業を４つの視点から見ている。顧客はどう見ているか（顧客の視点）。どの分野で優先性を確保するか（企業内部の視点）。改善と価値創造の余地はあるか（学習と成長の視点）。株主は同見ているか（財務の視点）である。

BSCはこの「４つの視点」を通して，企業全体の戦略目標，戦略目標を測定する成果尺度，具体的な目標値および目標値を達成するためのパフォーマンスドライバーが示される。戦略を指標へブレークダウンし，各々の視点を有機的にかかわらせることで企業価値を高めることが可能になる。顧客の視点から価値創造と差別化を，株主の視点から成長性，収益性，リスクを評価した戦略を，そして顧客と株主の満足を生み出すようなビジネスプロセスのための戦略的優先順位や組織の変革と革新，そして成長を支援する雰囲気をつくり出す優先順位を策定する管理ツールとなる。

４つの視点，「財務の視点」「顧客の視点」「業務プロセスの視点」「学習と成長の視点」はどのようなものであろうか。

「財務の視点」は財務成績を向上するために，ステークホルダーである株主に対してどのような行動をするべきかという戦略目標である。この財務の視点は伝統的な具体的成果を表現し，採り上げられる業績評価指標は，ROI, ROE, ROA, EVA，株主価値や収益性や資本回転率，売上高の成長率，キャッシュフローの増加などの遅行指数が取り上げられる。

「顧客の視点」はビジョンを達成するために，ステークホルダーである顧客や取引先に対してどのような行動を取るべきかという戦略目標である。採り上げられる業績評価指標として，市場占有率，勘定口座の占有率，顧客定着率，新規顧客獲得率，顧客満足度，返品率，クレーム率，顧客満足度（CS)，サービス・製品の開発進捗状況や顧客価値向上のための計画などが取り上げられる。

「業務プロセスの視点」は，ステークホルダーである株主と顧客を満足させるためにどのようなビジネスプロセスに秀でるべきかという戦略目標である。指標は，「イノベーション・プロセス」「オペレーション・プロセス」「アフターサービス・プロセス」の３通りに分類される。「イノベーション・プロセス」は現在と将来の顧客ニーズを明確化し，ニーズに対する新しい解決方法を開発することである。業績評価指標として製品開発リードタイム，不良品率，仕損・欠陥率，サイクルタイム，開発効率，特許取得件数，ライセンス契約数などが取り上げられる。「オペレーション・プロセス」は既存の製品やサービスを既存顧客にいかに効率的に提供するかという観点で生産や販売や顧客接点業務を行うことである。業績評価指標として，生産リードタイム，欠陥品率，営業マンの生産性などが取り上げられる。「アフターサービス・プロセス」は製品やサービス提供後の顧客との関係維持・関係強化プロセスのことである。業績評価指標として顧客の再発注率，顧客継続性，アフターサービスの開発進捗率などが取り上げられる。

「学習と成長の視点」はビジョンを達成するために，どのように変化と改善ができる能力を維持するかという戦略目標である。この視点も「従業員のスキル」「IT インフラ」「組織風土」の３通りに分類できる。「従業員のスキル」は従業員のスキル向上を絶えず行っていくことであり，業績評価指標として特定資格の保有率，従業員のスキル満足度などが取り上げられる。「IT インフラ」は情報システムの構築を行っていくことであり，業績評価指標として情報システム利用率，IT リテラシーレベル，情報共有活用度などが取り上げられる。「組織風土」は従業員のモチベーションや現場の各種活動の展開状況のことであり，業績評価指標としては，従業員満足度や各種活動実施状況，資格取得率，従業員１人当たりの提案件数，特許出願率などが取り上げられる。

なぜ「4 つの視点」とするのかについて，キャプランとノートンは「4 つの視点」に絞りこむことで情報過多によって重要な指標への焦点がぼやけることを防ぐと述べている。

＜戦略マップの活用＞

戦略マップとは，戦略を記述するための論理的で包括的なフレームワークであり，戦略が無形の資産を価値創造プロセスにどのように結び付けるかを明示するためのフレームワークを提供するものである。

戦略マップを用いることで，組織が求める成果を得るには４つの視点でどのような戦略目標を立ててそれぞれがどのように関連するかの仮説を整理することができる。

日本企業はもともと BSC に類する手法である方針管理を有し，方針管理を媒介として中期経営計画や予算管理を効果的に実践してきた実績はあるが，方針管理は TQM の一環で行われているため，戦略の展開が十分でなかった。

BSC では戦略を確実に実行するために戦略マップを用いることで戦略を創発することもできる 。また4つの視点の因果関係が明確になり，自社の戦略を全体的かつ体系的に検討することが可能である。

Ⅱ　ファイナンス

1　ファイナンスを学ぶ意義

ファイナンスは，ビジネススクール MBA コースのコア科目の１つである。

一方で，アカウンティング同様にファイナンスもビジネススクールに通う大学院生にとって苦手な科目の１つである。それは，院生の方々の仕事がファイナンスにかかわりのない方が多いことともに，DCF，NPV，IRR などの横文字が出てくることと，キャッシュの現在価値など何それ？　となる方が多いようである。

筆者は，25 年以上銀行員として企業金融にかかわった経験を持つが，ファイナンス理論そのものを用いた経験はそれほど多くはない。すなわち融資業務のなかで長期資金の融資において DCF（ディスカウントキャッシュフロー）を用いての融資判断をすることは稀であった。ファイナンス理論を用いていたのはディーリング業務に携わっていた時ぐらいで，その際は債券利回りを，IRR を用いて表示していたぐらいである。日本企業の投資評価でファイナンス理論である DCF，NPV を用いた評価を行っている企業は少ないという研究結果があるぐらいである。

そもそもファイナンスの授業は，経済学部においてミクロ経済学領域あるいは金融工学領域として講義されているのが現状である。そのため，本書の読者であるヘルスケア業界に属する，ナースをはじめとするヘルスケアスタッフの方々は，学生時代に学ぶことのなかった科目であろうと感じている。

それでは，ヘルスケアスタッフの方々は，ファイナンス理論を学ぶ必要はないのであろうか？　筆者は全くそのようなことは考えない。たとえば，新たな診療器具を導入するに際して，その器具の採算はどうであろうか？　その器具の導入にかかったお金は何年で回収できるのであろうか？

このような考え方を持っていなければ，次のようなことに陥る可能性は大きい。

「高額な診療器具は入れました。だけど患者は思ったほど来ませんでした。そのため，部門の採算を割っています。何とかしなければなりません。」

これは，筆者が銀行員であった頃に何度か直面した事例の１つである。

筆者が教員をしている大学院 MBA コースに通うヘルスケアスタッフの大学院生の方々も，最初は馴染みがなく非常に難解と感じているファイナンス理論であるが一度その概念が分かれば，投資判断の事例問題でも DCF,NPV を用いて回答することが可能になっている。

そこで読者の皆さんも苦手意識を取り払って，ファイナンス理論を身に付けて欲しいと考えている。

(1) そもそもファイナンスとは

前述したようにファイナンスは，経営戦略論やマーケティング論などと同様に MBA ビジネススクールのコア科目と位置付けられている。それでは，そもそもファイナンスとは？と聞かれれば，次のように答えることができる。

「企業の事業成果の評価である企業価値を高めるための経営戦略を目的とする財務活動」といえよう。そして，企業が具体的に行うファイナンス活動は次に集約できる。「資金を調達する」「資金を運用する」「投資家に資金を還元する」

これらのことは，企業価値を高めるためにどのような資金調達をすればよいか，どのプロジェクトに投資すればよいかなど，企業が抱える経営課題に財務面で対応するのがファイナンスなのである。

(2) ファイナンスとアカウンティングの関係

会計は前述したように利害関係者に対して経営成績や財政状態を伝えるためのものに対して，ファイナンスは企業価値の向上を目指す経営者のための経営戦略と位置付けることができる。

会計が，経営戦績を反映する過去の情報であるのに対して，ファイナンスは企業の未来を決定するものといえる。そして，会計が求める主役は利益であるのに対して，ファイナンスが求める主役はキャッシュで表される現金などである。

ファイナンスが取り扱う領域は，資金投資に関する領域（インベストメント投資）と，資金調達に関する領域（コーポレートファイナンス　企業財務）がある。ビジネススクール MBA コースにおいても，２つの領域について扱っている。両者は独立した理論ではなく，対象とする経済活動である資金投資と資金調達によって分かれているものである。

本書では，コーポレートファイナンスである資金調達に関する理論を中心に説明する。

2　現在価値の話

現在の 100 万円と１年後の 100 万円は同じ価値を持っているのであろうか？

これが，現在価値の考え方のすべてといっても良い。100 万円を何らかの投資に回して１年後に 110 万円となったのならば，投資利回り 10％を得たことになる。現在の 100 万円と１年後の 100 万円の価値は違うことになる。

まず，「現在の 100 万円と１年後の 100 万円は違うこと」が理解できれば，現在価値の考えは理解できたも同然である。大学院の授業でも，当初はこの現在価値の考えがなかなか理解できない方が大半であった。しかし，一度その概念がわかれば，それ以後のファイナンス理論は理解しやすくなっているようである。

ここで，現在価値を理解してもらうために次の設問を表わす。

【設　問】

金利５％（現在の低金利時代においては，金利 5％ははるか昔のことであるが・・・）の銀行に 100 万円を預けます。福利計算で５年後はいくらになっているであろうか？

＜計算式＞1,000,000 円 × ５％ ＝ 1,050,000 円

1,050,000 円 × ５％ ＝ 1,102,500 円

1,102,500円 × 5 % = 1,157,625円

1,157,625円 × 5 % = 1,215,506円

1,215,506円 × 5 % = 1,276,281円

1,000,000円 × $(1 + 0.05)^5$ = 1,276,281円

では，逆に5年後に100万円を受け取るにはいくら銀行に預ければよいのであろうか？

＜計算式＞ 1,000,000円 ÷ $(1 + 0.05)^5$ = 783,526円

5年後に100万円を受け取ることができる金額は783,526円となる。これは5年後の100万円の現在価値は783,526円ということができる。

この現在価値を算出するときに用いた5％を割引率という。

実務上においてはこの割引率を何％で設定するかで現在価値は大きく変わってくる。

3 NPV（Net Present Value 現在価値法）

ここでは，企業が投資を行う際の意思決定に用いる代表的な判断基準である「NPV法」について説明する。

ある投資プロジェクトが会社内で検討中であるとする。この投資プロジェクトを実行する際の投資金額，これから5年間の予想キャッシュフローは下記であるとする。

	現　在	1年目	2年目	3年目	4年目	5年目
CF	▲1,000	100	200	250	300	400

このとき，現在価値を考えなければ，下記の式が求められる。

100 + 200 + 250 + 300 + 400 − 1,000 = 250

ここで，「250 も得するのだから，是非ともこの投資を実行するべき！」と結論付けてはならない！

ここまでの説明でファイナンスを理解するうえで大切な時間の概念を考慮する現在価値で考えなければならないことを理解している。

初期の投資額を含めた将来のすべてのキャッシュフローの現在価値を NPV（Net Present Value）という。これは「正味現在価値」のことである。

そこで，このプロジェクトが生み出すキャッシュフローの現在価値を計算する。初期投資額は現在のキャッシュアウトであり，現在価値はそのまま▲1,000 である。

ここで割引率５％として，各年度のキャッシュフローの現在価値を計算すると，NPV53 となる。

$100 \div 1.05 = 95$

$200 \div 1.05^2 = 181$

$250 \div 1.05^3 = 216$

$300 \div 1.05^4 = 247$

$400 \div 1.05^5 = 313$

$95 + 181 + 216 + 247 + 313 - 1{,}000 = 53$

	現　在	１年目	２年目	３年目	４年目	５年目
CF	− 1,000	100	200	250	300	400
現在価値の計算	−	$100 \div 1.05$	$200 \div 1.05^2$	$250 \div 1.05^3$	$300 \div 1.05^4$	$400 \div 1.05^5$
現在価値	− 1,000	95	181	216	247	313
NPV	53					

これは，このプロジェクトで 1,000 の投資をすることで，53 の新たな事業価値を獲得することを意味する。

一方で割引率 10％とした場合の NPV は，▲ 103 となる。

これはこのプロジェクトに1,000投資することで事業価値が103マイナスになることを意味する。当然ながらこのプロジェクトは見送られることになる。

	現　在	1年目	2年目	3年目	4年目	5年目
CF	− 1,000	100	200	250	300	400
現在価値の計算	−	$100 \div 1.1$	$200 \div 1.01^2$	$250 \div 1.1^3$	$300 \div 1.1^4$	$400 \div 1.1^5$
現在価値	− 1,000	91	165	188	205	248
NPV	− 103					

91 + 165 + 188 + 205 + 248 − 1,000 = − 103

NPV法の考え方

NPV ＞ 0　・・・・・・　投資プロジェクトを実行する
NPV ＜ 0　・・・・・・　投資プロジェクトを実行しない

4　IRR（内部収益率）について

IRR（Internal Rate of Return）は，「内部収益率」と呼ばれる投資プロジェクトの可否判断に用いられる指標である。横文字ばかりでなかなか馴染みが薄いものであるが，IRRとは要するに「利回り」のことをいっているのである。

ファイナンスの世界では，IRRは投資プロジェクトの「期待利回り」「予測利回り」を表すものとして使われており，「予想利回り」を表しているものと理解していただければよいであろう。

では，IRRは何を表しているかは，IRRはNPVをゼロにする割引率である。

先程のNPVの例でIRRを求める

	現　在	1年目	2年目	3年目	4年目	5年目
CF	− 1,000	100	200	250	300	400

<計算式>

$100 / (1 + IRR) + 200 / (1 + IRR)^2 + 250 / (1 + IRR)^3 + 300 / (1 + IRR)^4 + 400 / (1 + IRR)^5 - 1{,}000 = 0$

となる IRR を求めると IRR = 6.57%

IRR の計算は，計算機で求めるのは大変なので，実際に IRR を計算する際は，エクセルの財務関数を用いればすぐに数値を求めることができる。

5　IRR は何を判断するもの

IRR は，「NPV をゼロにする割引率」と述べたが，NPV = 0 とは，価格が価値にちょうど見合っている状態であることを意味する。上の事例の IRR6.57%の時の NPV は 0 になる。

ここで当初設定した割引率５％を上回っているので，投資は実行するべきと判断される。このときの設定した割引率５％をファイナンスでは「ハードルレート」と呼ぶ。

IRR はハードルレートを超えているかの判断に使われるものである。

IRR（6.57%）＞ハードルレート（５％）
このときは NPV ＞ 0 であり投資は実行と判断される

IRR（6.57%）＜ハードルレート（10%）
このときは NPV ＜ 0 であり投資は見送られる

ファイナンスのケーススタディ 1

～回復期リハビリテーション病院（100 床）の新設～

D 病院は急性期病院であるが，病床機能分化を図り，回復期医療を充実するため，近隣に回復期リハビリテーション病院 100 床の新設を計画している。

病院増設に伴う設備投資は総額 30 億円（病院建物 24 億円　医療機器類 6 億円）

資金調達は銀行借入 17 億円（金利 1%　返済期間 15 年）自己資金 13 億円

医業収入は 1 日当たり入院単価　34 千円　外来単価 12 千円

（平成 25 年度　厚生労働省　病院経営管理指標より）

回復期リハビリテーション病院 100 床新設に伴う事業計画から NPV と IRR を計算した結果は以下の表である。

計算期間は銀行借入期間の 15 年間で NPV と IRR を予測した。

計算に当たり割引率は 5 %とした。

単位　千円

	投資額 3,000,000	1 年目	2 年目	3 年目	4 年目	5 年目	6 年目	10 年目	11 年目	15 年目
医業収入		910,000	1,700,000	1,740,000	1,740,000	1,740,000	1,740,000	1,740,000	1,740,000	1,740,000
入院収入		670,000	1,280,000	1,300,000	1,300,000	1,300,000	1,300,000	1,300,000	1,300,000	1,300,000
外来収入		170,000	330,000	340,000	340,000	340,000	340,000	340,000	340,000	340,000
その他		70,000	90,000	100,000	100,000	100,000	100,000	100,000	100,000	100,000
医業費用		971,000	1,336,000	1,430,000	1,430,000	1,430,000	1,440,000	1,350,000	1,350,000	1,370,000
人件費		600,000	870,000	960,000	960,000	960,000	970,000	980,000	980,000	1,000,000
医療材料費		109,000	204,000	208,000	208,000	208,000	208,000	208,000	208,000	208,000
その他		100,000	100,000	100,000	100,000	100,000	100,000	100,000	100,000	100,000
減価償却費		162,000	162,000	162,000	162,000	162,000	162,000	62,000	62,000	62,000
医業利益		－61,000	364,000	310,000	310,000	310,000	300,000	390,000	390,000	370,000
医業外損益		17,000	16,000	15,000	14,000	13,000	12,000	8,000	7,000	3,000
支払利息		17,000	16,000	15,000	14,000	13,000	12,000	8,000	7,000	3,000
経常利益		－78,000	348,000	295,000	296,000	297,000	288,000	382,200	383,000	367,000
税引前利益		－78,000	348,000	295,000	296,000	297,000	288,000	382,000	383,000	367,000
税金（40%）		0	139,200	118,000	118,400	118,800	115,200	152,800	153,200	146,800
当期利益		－78,000	208,800	177,000	177,600	178,200	172,800	229,200	229,800	220,200
キャッシュフロー	－3,000,000	84,000	370,800	339,000	339,600	340,200	334,800	291,200	291,800	282,200
現在価値	－3,000,000	80,000	336,327	292,841	279,390	266,556	249,833	178,772	170,609	135,743
NPV	41,580									
IRR	5.20%									

15 年間の NPV は 41,580 千円であり　NPV ＞ 0 となった。
そして IRR は 5.20% となった。

このシミュレーションに基づき D 病院経営幹部は新病院の建設を実行することにした。

ファイナンスのケーススタディ２

～サービス付き高齢者住宅（50 室）の新設～

医療法人 E 会は急性期医療を中心に運営を行っている。E 会の所在する地域は介護施設が不足しており，高齢者向け住宅の需要は高いことがわかっている。

そこで地域のニーズの高いサービス付き高齢者住宅（50 室）の新設を計画している。

サービス付き高齢者住宅新設に伴う投資総額３億円

資金調達は全額自己資金で賄うことにした。

収入は，月額家賃 60 千円　共益費管理費等月額 48 千円　食事代月額 54 千円を見込んだ。

費用は，人件費月額 1,907 千円（管理者１人，食事担当１人，介護職員１人，諸担当１人）光熱費他経費月額 1,000 千円，減価償却費月額 927 千円（27 年定額償却）

サービス付き高齢者住宅新設に伴う事業計画から NPV と IRR を計算した結果は以下の表である。

計算期間は 10 年間で NPV と IRR を予測した。計算に当たり割引率は５%とした。

単位　千円

	投資額 300,000	1年目	2年目	3年目	4年目	5年目	6年目	7年目	8年目	9年目	10年目
		～45戸	45戸	50戸	50戸	50戸	50戸	50戸	50戸	50戸	50戸
収　入		65,876	877,06	96,912	97,452	97,452	97,452	97,452	97,452	97,452	97,452
家賃		27,420	32,400	36,000	36,000	36,000	36,000	36,000	36,000	36,000	36,000
共益費・管理費等		18,260	26,146	28,512	29,052	29,052	29,052	29,052	29,052	29,052	29,052
食　費		20,196	29,160	32,400	32,400	32,400	32,400	32,400	32,400	32,400	32,400
費　用		46,000	46,000	46,000	46,000	46,000	46,000	46,000	46,000	46,000	46,000
人件費		22,880	22,880	22,880	22,880	22,880	22,880	22,880	22,880	22,880	22,880
設備関係費		12,000	12,000	12,000	12,000	12,000	12,000	12,000	12,000	12,000	12,000
減価償却費		11,120	11,120	11,120	11,120	11,120	11,120	11,120	11,120	11,120	11,120
利　益		19,876	41,706	50,912	51,452	51,452	51,452	51,452	51,452	51,452	51,452
税引前利益		19,876	41,706	50,912	51,452	51,452	51,452	51,452	51,452	51,452	51,452
税金（40%）		7,950	16,682	20,365	20,581	20,581	20,581	20,581	20,581	20,581	20,581
当期利益		11,926	25,024	30,547	30,871	30,871	30,871	30,871	30,871	30,871	30,871
キャッシュフロー	−300,000	23,046	36,144	41,667	41,991	41,991	41,991	41,991	41,991	41,991	41,991
現在価値	−300,000	21,948	32,783	35,994	34,546	32,901	31,334	29,842	28,421	27,068	25,779
NPV	618										
IRR	5.04%										

10年間のNPVは618千円であり　NPV＞0となった。
そしてIRRは5.04%となった。

このシミュレーションに基づき医療法人E会の経営幹部はサービス付き高齢者住宅の建設を実行することにした。

参考文献

砂川信幸・川北英隆・杉浦秀徳・佐藤淑子（2013）『経営戦略とコーポレートファイナンス』日本経済新聞社.

大阪商工会議所編（2011）『ビジネス会計検定試験 公式テキスト3級』中央経済社.

大阪商工会議所編（2015）『ビジネス会計検定試験 公式テキスト2級』中央経済社.

グロービス経営大学院（2008）『グロービスMBAアカウンティング』ダイヤモンド社.

グロービス経営大学院（1999）『グロービスMBAファイナンス』ダイヤモンド社.

田中慎一・保田隆明（2013）『あわせて学ぶ会計&ファイナンス入門講座』ダイヤモンド社.

第6章
フレームワーク

1　経営分析で用いるフレームワーク

(1) 経営分析とフレームワーク

定量分析と定性分析

定量分析は，数字を用いて特定の事象を表現したうえで，評価判断と意思決定がなされる一連のプロセスである。企業分析における財務分析は分析対象企業の財務諸表（貸借対照表，損益計算書など）により数字を用いて企業の財務状態を表現することは典型的な定量分析を用いた分析手法である。

一方，定性分析とは数字を用いないで特定の事象を表現したうえで評価判断と意思決定がなされる一連のプロセスである。企業分析における外部環境分析と内部経営資源分析によって企業の経営分析を行うことは典型的な定性分析を用いた分析手法である。

表6－1　定性情報と定性情報

	定量情報	定性情報
表現方法	数　値	文　章
情 報 例	財務諸表	業界特性
	販売数量	業界内ポジション
	販売シェア	業界規制動向
	生産数量	経営者資質
	従業員数	技術力
	営業所数	職員熟年度

評価判断と意思決定のプロセスにおいて定量情報と定性情報は独立して用いられることはなく，定量情報と定性情報の両方のフレームワークを用いて企業分析などを行うのである。

(2) 定量分析の特徴と定性分析の特徴

定量分析の特徴

① 数値化した情報データを用いて分析する

定量分析の定義として数値を用いて分析し，その結果を数値の大きさや変化度合いによって分析を行う。

② 客観的である

数値指標に基づいて分析を行うため客観的に判断できるという優位性がある。

③ 説得力が増す

数値を用いているため意思決定の判断において効果的である。

④ 過去情報のデータである

分析に用いられる数値は過去のものであり結果として過去データを表すことになる。

⑤ 大局的に柔軟な情報は読み取れない場合もある

客観的情報が得られるものの，過度に依存することで大局的な情報を活用できない危険性もある。

(3) 定性分析の特徴

① 数値で表せない情報やデータを分析する

定性分析の定義であり，数値による定量分析と異なり，定性情報間の階層性，因果関係，対局性などの構造を表すことができる。

② 全体の問題や論点を大局的に俯瞰することができる

直面する問題の全体像を眺めたうえで何が問題となっているかを俯瞰できる。

③　未来志向に関する内容を含む

定量分析が過去データに基づく分析であるのに対して，現在の情報や将来展望など未来にわたる情報も分析対象である。

④　主観的かつ探索的である

数値に基づく分析でないため客観的な根拠による分析ではなく主観的である。試行錯誤的に探り求める意味合いは強い。

⑤　評価リスクの考慮が必要である

客観性に欠けるため評価リスクを十分に考慮する必要があり，定量分析を用いた分析も必要になる。

定性分析と定量分析は単独で行わずに，補完的に両方を用いて分析を行った方がより良い結果を得られ，合理的な評価や意思決定に役立つ。

定量分析のみでは，数値の背後にある問題などのメカニズムを判断するのには不足であり，それらを補うために定性分析を用いることが必要になる。一方

図６－１　定量分析と定性分析

定量分析のみを行う局面	定性分析のみを行う局面
問題構造，分析対象内容はわかっており，通常調査結果として数値指標を算出	まずは問題を大局的，多面的にとらえたい 定性分析の特徴，とりあえず定性分析により大局性をつかむ
すでに定性分析で得られた情報を定量分析で検証したり，客観化したい 定性分析は現在から将来予測も含む，定量分析は過去実績による 経営環境が激しく不確実な環境下では，定性分析と定量分析を補完して活用すべき	現在の状況をおおまかに把握したい ヒアリング，アンケート調査等の定性データ・情報はリアルデータとして現在の状況を知るために活用される 例 景気動向調査 定量分析　景気判断 DI　CI 定性分析　社長 100 人アンケート

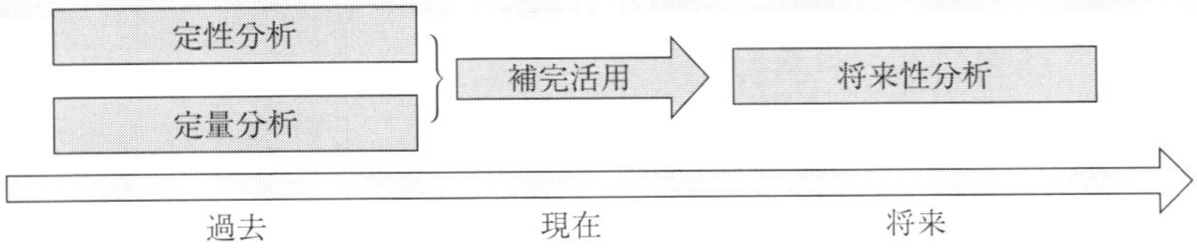

で定性分析は問題の構造や本質は大局的に把握することはできるが，定量分析の数値などによる根拠によって客観性が増すことになる。定性分析と定量分析の関係は車の両輪にたとえることができる。両輪のバランスがそろったうえで，適切で合理的な評価判断や意思決定を行うことができるのである。

筆者は長い間，銀行員として融資を行う時に企業分析を行ってきた。その際には，定量分析として財務分析を行い，さらに定性分析の信用調査を行った。この信用調査は，企業の属する業界動向，業界内のポジションの外部環境分析と，経営者の資質，企業の技術力，従業員同行などの内部経営資源分析を組み合わせて行っていた。

このように定量分析の財務分析と定性分析の信用調査の両方がそろって初めて企業向け融資判断を行うことができるのである。

図６－２

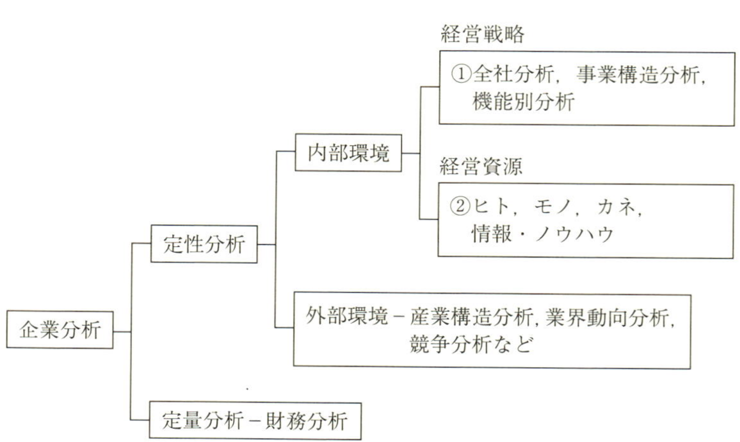

2　定性分析に用いるフレームワーク

定量分析は数値を用いた分析であり，財務指標や非財務指標を用いて数量的な分析が行われる。定量分析のフレームワークはアカウンティング＆ファイナンスの章で記載済でありここでの記述は省略する。

ここでは定性分析としてビジネスでよく用いられるフレームワークをわかりやすいように分類の上，どのような局面で使用されるかを説明する。

ビジネスでの企業分析は企業を取り巻く環境を把握した上で分析することが肝要である。分析は大きくは企業の外部にある外部環境と企業の内部にある内部資源に２分することができる。したがってフレームワークは，次の３つに分類することができる。

①　企業の外部環境を大局的につかむフレームワーク
②　企業の外部環境と企業の内部経営資源を併せてつかむフレームワーク
③　企業の内部経営資源をつかむフレームワーク

図６－３　分析のフレームワーク

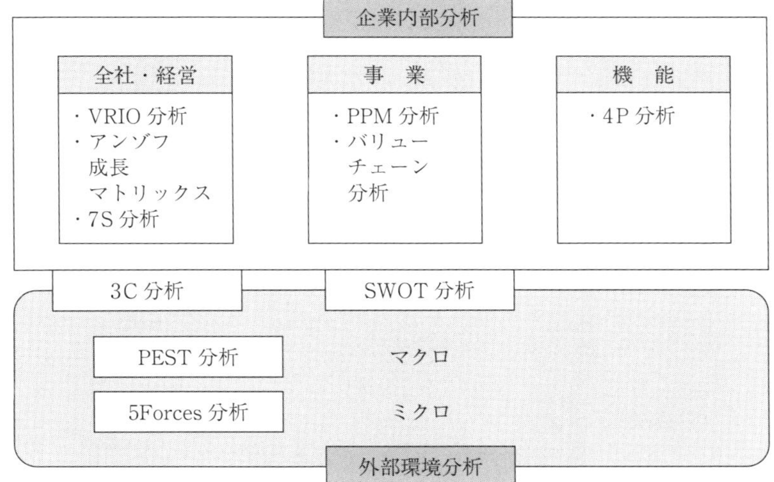

(1) 企業の外部環境を大局的につかむフレームワーク

企業を取り巻く外部環境は，絶えず変化を遂げている。企業は外部環境からの影響が少なくないため外部環境の動向把握は必要になってくる。

外部環境には，企業のコントロールが効かないマクロ環境とある程度はコントロールが可能なミクロ環境に分けられる。政治経済社会動向などのマクロ環境の分析で用いる「PEST 分析」と，企業がかかわる顧客や取引先動向などのミクロ環境の分析に用いる「5 Forces」がある。

① PEST 分析

企業を取り巻く外部環境のうち，企業が直接コントロールできないマクロな環境を分析する際に用いられるフレームワークである。マクロ環境自体は企業がコントロールすることはできないものの，マクロ環境の情報を分析して今後の動向を予測し企業にとって合理的な戦略を図るときに PEST 分析が役に立つ。

PEST 分析は，P 政治的要因（Political），E 経済的要因（Economics），S 社会的要因（Social），技術的要因（Technological）の頭文字からきている。これら 4 つの要因に関するキーワードを表したものが次の表である。

表 6 － 2　PEST 分析

4 要因	分析内容
政治的要因 (Political)	・海外の政情不安 ・輸出入規制や外国為替規制の変更 ・税制・税率の変更
経済的要因 (Economic)	・サブプライムローン問題の波及 ・原油などの資源・エネルギー価格の高騰 ・為替の変動リスク ・株価の急激な下落
社会的要因 (Social)	・有能な人材確保のための競争激化 ・雇用の余剰感に伴う雇用調整
技術的要因 (Technological)	・技術革新における競争激化 ・規格・標準化競争の激化

出所：中村（2009）p.45。

表6－3　医薬品業界のPEST分析

4要因	機　会	脅　威
政治的要因 (P)	・生活習慣病（メタボ）検診の義務化	・医療費抑制策の推進 ・後発薬（ジェネリック）の使用促進
経済的要因 (E)	・医薬品の経済評価の必要性	・円高 ・為替レート変動
社会的要因 (S)	・健康志向 ・生活習慣病の回避	・企業経営の悪化 ・従業員の所得水準の低下
技術的要因 (T)	・iPS細胞など，日本発のバイオテクノロジーの発展	・技術革新の壁に直面 ・新薬の研究開発に莫大なコストがかかる
4要因の総括	世界・日本の経済危機に加え，新薬を研究開発する様々な困難が脅威となる	
対策・戦略	◎新薬の研究開発体制の強化—開発のスピードの効率アップ，自社商品の着実な成長 ◎グローバルな販売体制—海外シフトを念頭に入れた販路・売上げ拡大を狙う	

出所：中村（2009）p.80。

これらのキーワードを参考にして，マクロな外部環境の4つの要因を洗い出すことで，企業はそれらの影響に対する対応策を検討することになる。

企業がPEST分析を用いる際には，4つの要因は自社にとって「機会」であるのか「脅威」であるのかを基準に4要因の総括を行うことで自社の取るべき対策と戦略を策定することも可能になる。

②　5 Forces

企業を取り巻く外部環境のうち，企業が直接かかわり，ある程度はコントロール可能なミクロ環境を分析する5 Forcesは，ポーターが業界内構造分析に用いるフレームワークとして提唱した。5 Forces（5つの要因）は以下である。

・新規参入の脅威

ある業界にほかの業界から新たに企業が参入することによって，競争が激しくなることから，結果として収益が低下する。新規参入の脅威がどれくらいあるかは，参入障壁がどのくらいあるいは既存業者の反撃の大きさによって決まる。

・代替製品の脅威

代替製品は，現在の製品と同じ機能を果たすことができるほかの製品を意味する。注意が必要な代替製品は，現在の製品よりも価格と製品性能の比率がよい製品，あるいは高収益をあげている業界が生産している製品の代替製品である。この代替製品の改良により業界の競争が激化することが既存業界へのかく乱につながることもある。

・買い手の交渉力

買い手は，価格の値下げを迫ったり，もっと高い品質やサービスを要求したり，売り手同士を競い合わせたりして業界の企業収益を下げる行動を行う。買い手がどれだけ力を持つかは，市場状況の特性で決まるほか，買い手の業界全体に占める購入割合によって決まってくる。

・売り手の交渉力

売り手である供給業者は，買い手に対して価格を上げる，あるいは品質を下げるということで交渉力を高めることができる。力のある売り手は力の弱い買い手業界から収益を奪うことができるのである。供給業者の力を強める条件は買い手に力を与える場合に似ている。

・競争業者間の敵対関係

既存業者間の敵対関係は，価格競争，広告競争，新製品の導入，顧客サービスの拡大などの戦術を駆使して，市場地位を確保しようとすることで生じる。既存業者間の敵対関係の激化はさまざまな構造的な要因によって引き起こされるが，同業者が多く，似たような規模の会社がたくさん存在する場合，業者間のせめぎあいは激しくなり，経営は不安定となる。

図６－４　5 Forces 分析

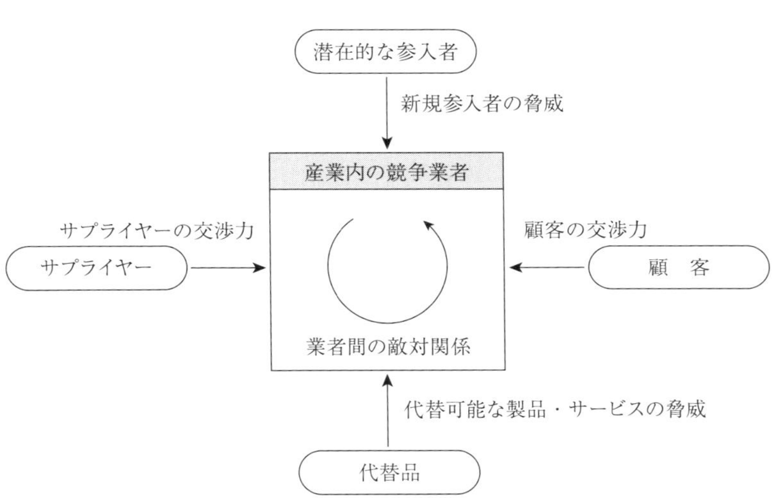

出所：Porter（1980）邦訳 p.18。

5 Forces 分析は５つの力の個々または総合的な強さを分析することで，業界における競争関係の構造を表すことで，自社が業界内競争構造においてどのような対応策と戦略を策定すべきかを明らかにすることができるフレームワークである。

(2) 企業の外部環境と企業の内部経営資源を併せてつかむフレームワーク

企業の外部環境のみでなく，企業の内部資源も加えたうえで多面的に分析するフレームワークを以下で紹介する。

①　３Ｃ分析

顧客（Customer），競合（Competitor），自社（Company）の３つの視点から分析するフレームワークである。３Ｃ分析を通して，自社の取る戦略の方向性を探ることになる。３Ｃのうち，顧客（Customer）と競合（Competitor）は外部環境のミクロ環境要因であり，5 Forces の５つの要因に含まれるものであり，自

図６－５　３Ｃ分析

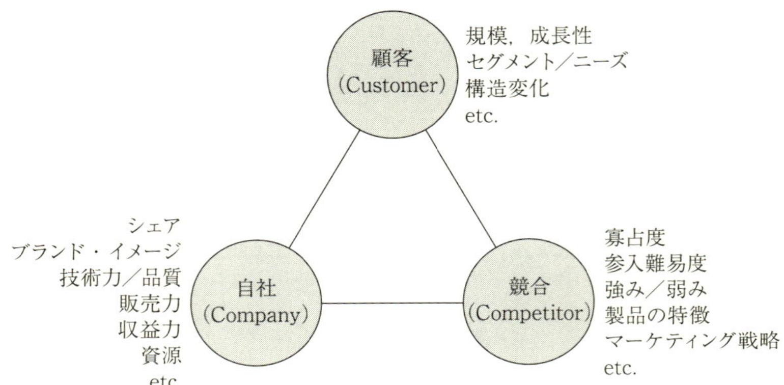

出所：グロービス・マネジメント・インスティテュート（2006）p.31。

社（Company）は内部経営資源要因から分析することになる。３Ｃ分析の３つの視点の分析テーマは以下である。

・顧客（Customer）

　次の観点から市場や潜在顧客の動向を分析する

　マーケット規模の状況

　マーケットの成長率状況

　市場ニーズの動向

　顧客の購買行動，購買に関する意思決定プロセス

　顧客セグメント別の動向

・競合（Competitor）

　業界の競合相手の分析を通して自社の状況を分析する

　競合者数の状況

　競合相手の状況

・自社（Company）

競合相手の状況を把握すると同時に自社の内部経営資源に関して分析する

自社の業績や戦略動向

自社の経営資源の強みと弱みを知る

②　SWOT分析

強み（Strength），弱み（Weakness），機会（Opportunity），脅威（Threat）の４つの頭文字から取っている。

機会と脅威は企業の外部環境に関するものであり，強みと弱みは内部経営資源に関するものである。2×2マトリックスで構成され合計４つの要素のフレームワークである。

表６－４　SWOT分析

		外部環境	
		機　会 （Opportunities）	脅　威 （Threats）
内部環境	強　み （Strengths）	強みを機会に どう活かすか	強みで脅威を どう乗り越えていくか
	弱　み （Weaknesses）	弱みで機会を 逃さないために 何をすべきか	脅威を回避するために どう弱みを 克服していくか

出所：福澤（2010）p.37。

表6－5　SWOT 分析の事例

		外部環境	
		【機会：Opportunity】 ・規制緩和 ・海外展望が容易 ・マスコミ受けしやすい	【脅威：Threat】 ・世界経済危機 ・天候不順 ・市場の縮小化に伴い，同業他社との競争環境の激化 ・少子高齢化が進展
内部環境	【強み：Strength】 ・企業認知度やブランド力は強い ・機能性に富んだカジュアル衣料品の商品力が強い ・トップダウンによる意思決定が早い ・M&A が活発	【戦略 A】 ・海外企業も視野に入れた M&A や事業提携 ・海外での生産シフト ・不採算事業の早期撤退	【戦略 B】 ・若年層，女性層をターゲットにして，ファッションビルや駅ビルに出店 ・高齢者層をターゲットにした商品開発 ・全天候型商品の開発
	【弱み：Weakness】 ・組織の意思決定がトップダウン ・組織が硬直化，階層的 ・ノウハウ／情報／人材の相互交流が不十分	【戦略 C】 ・権限や責任の委譲・分散化 ・組織に柔軟性を持たせる ・グローバル人材，次世代経営者の育成	【戦略 D】 ・経営者や幹部クラスの育成 ・一般授業員の人材育成

出所：中村（2009）p.87。

(3) 企業の内部経営資源をつかむフレームワーク

企業の内部経営資源をつかむフレームワークは，全社レベルの分析，事業レベルの分析，機能レベルの分析と階層的分類によって行われる。

全社レベルの分析

①　7S 分析

コンサルティング会社のマッキンゼー社のピーターズとウォーターマンによって開発された企業戦略における7つの要素による分析フレームワークである。7つの要素の頭文字から7S 分析としている。7つの要素のうち前半の3要素はハードのS，後半の4要素はソフトのSとしている。

図６－６　７Ｓ図

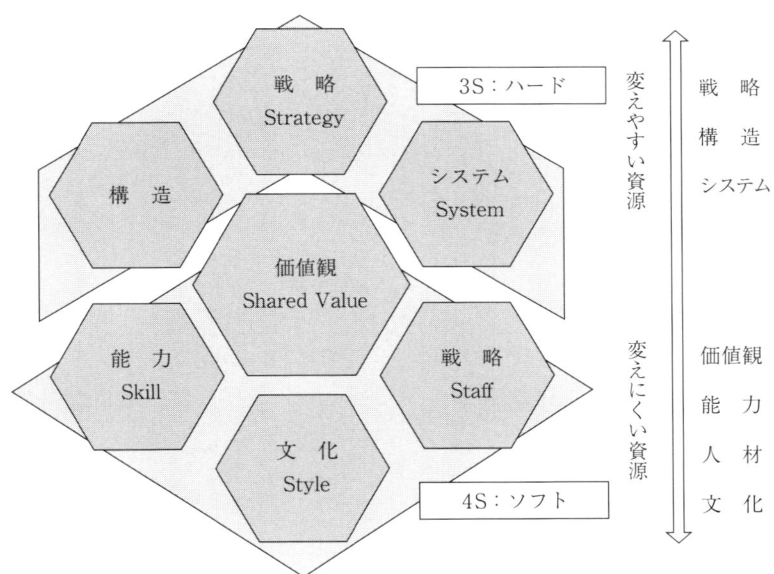

出所：経営能力開発センター（2015）p.181 を加筆修正。

ハードのＳ

戦略（Strategy）経営戦略や長期的経営計画

組織（Structure）組織図で表現される企業の組織構造

システム（System）組織を運営するための仕組みや制度

ソフトのＳ

共通の価値観（Shared　Value）社員が大切に共有している価値観

スタイル（Style）組織の風土，あるいは行動や意思決定の際の傾向など

人材（Staff）人材の質や特徴

スキル（Skill）組織が保有する能力

ソフトのＳのほうがハードのＳよりも変化するのに時間を要し変化に困難が伴う。７Ｓ分析は戦略展開や問題分析のフレームワークではなく，企業理念の全体層を把握するためのフレームワークとして活用するのがよい。

② VRIO分析

バーニーが提唱した企業の内部経営資源のうち競争優位の源泉となるものを分析したものである。その内部経営資源を持つことで競合企業に差をつけることができる要因の分析に用いられる。

図６－７ VRIO分析

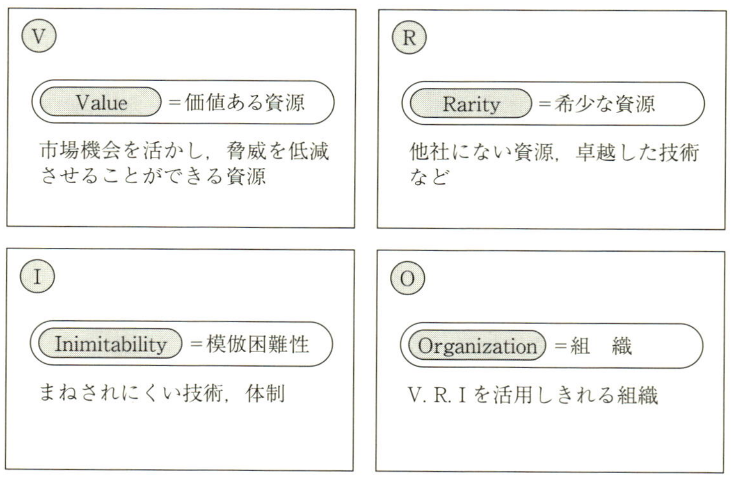

出所：福澤（2010）p.139。

経済価値（Value），希少性（Rarity），模倣困難性（Inimitability），組織特性（Organization）の４つの要因の頭文字からきている。

VRIO 分析

価値ある資源（Value）

企業の経営資源が充分に経済的な価値があると顧客に認識されているかどうかを分析する。

希少な資源（Rarity）

企業の経営資源が市場において希少性を発揮しているかどうかを分析する。

模倣困難性（Imitability）

企業の経営資源が模倣されやすいかどうかを分析する。

組織特性（Organization）

企業の経営資源を有効に活用できる組織体制になっているのかどうかを分析する

③　アンゾフの成長マトリックス

企業の成長戦略の方向性を分析するために，市場と製品の組合せによる「成長マトリックス」というフレームワークによって類型化を行っている。

表６－６　成長ベクトル　製品－市場マトリックス

市場＼製品	現　在	新　規
現　在	市場浸透	製品開発
新　規	市場開発	多角化

出所：Ansoff（1965）邦訳 p.137。

市場浸透戦略

現在の市場において，現在の製品を用いて展開する戦略である。既存市場において売上げを伸ばすには，市場シェアを拡大する，需要規模を拡大する，という方向性がある。

市場開発戦略

自社の製品やサービスを今までに購入していなかった顧客層に提供する戦略である。たとえば，首都圏で販売していた製品を北海道で新たに販売することが相当する。

製品開発戦略

既存市場の顧客層に対して，新たな製品やサービスを提供する戦略である。新規の特徴を付け加える。既存商品と異なる製品を開発する。大きさや色などの異なる追加商品を開発する。

多角化戦略

新製品や新サービスなど，これまでと異なる新たな市場をターゲットとして展開するのが多角化戦略である。

企業の事業展開においては，まず市場浸透戦略によって企業業績を伸ばそうとする。しかし，市場の飽和感から新製品開発あるいは新市場開発の戦略に転じることになろう。そのうえでリスクは高いが，多角化戦略を模索する展開となるであろう。

事業レベルの分析

① PPM（プロダクト・ポートフォリオ・マネジメント）分析

多角化した事業方針の策定には経営資源の配分への計画が必要になってくる。経営資源のうち資金の配分と事業製品別の戦略を分析する手法としてPPMがある。PPMは，自社の事業群や製品群について，潜在的な成長率と相対的市場シェアの観点から各事業のポジションを明確にし，キャッシュフローの創出と，事業に投下すべきかの意思決定のための分析手法である。

図６－８　PPM

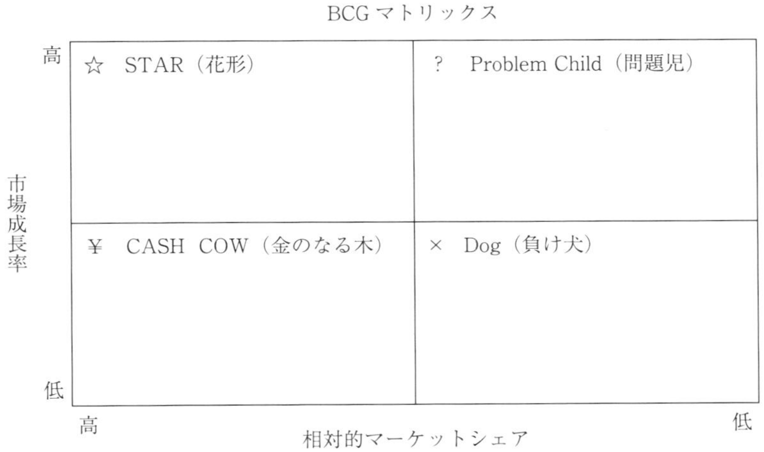

BCGマトリックス

市場成長率	相対的マーケットシェア　高	相対的マーケットシェア　低
高	☆　STAR（花形）	?　Problem Child（問題児）
低	¥　CASH　COW（金のなる木）	×　Dog（負け犬）

出所：Henderson（1981）邦訳 p.236。

花形商品（Star）

高成長で高シェアのセルで，シェアが高いため利益率が高く資金流入も多くもたらすが，成長のための先行投資も必要であり，短期的には資金の創出源とはならない。

金のなる木（Cash Cow）

低成長で高シェアのセルで，シェアの維持に必要な再投資を上回る多くの資金流入をもたらすので，他の事業群・製品群の重要な資金源となる。

問題児（Problem Child）

低成長で低シェアのセルで，資金流入よりも多くの投資を必要とする部門であり，企業の選択肢として，積極的投資によって「花形商品」へ育成するか，放置して「負け犬」としてポートフォリオから削減するかの戦略を取る。

負け犬（Dog）

低成長で低シェアのセルで，収益性は長期的に低水準であるが，市場成長率も低いため資金流出も少ない。

機能レベルの分析

①　４Ｐ分析と４Ｃ分析

マーケティングミックスとして分析される４Ｐ分析は，製品（Product），価格（Price），流通（Place），販売促進（Promotion）の４つの頭文字をとったものである。標的市場に対して企業がマーケティング施策に向けてコントロール可能な手段を組み合わせることである。最近では顧客視点から４Ｃ分析といわれることもある。４Ｃは顧客ソリューション（Customer Solution），顧客コスト（Customer Cost），利便性（Convenience），コミュニケーション（Communication）の４つの頭文字をとったものである。

図６－９　４Ｐ

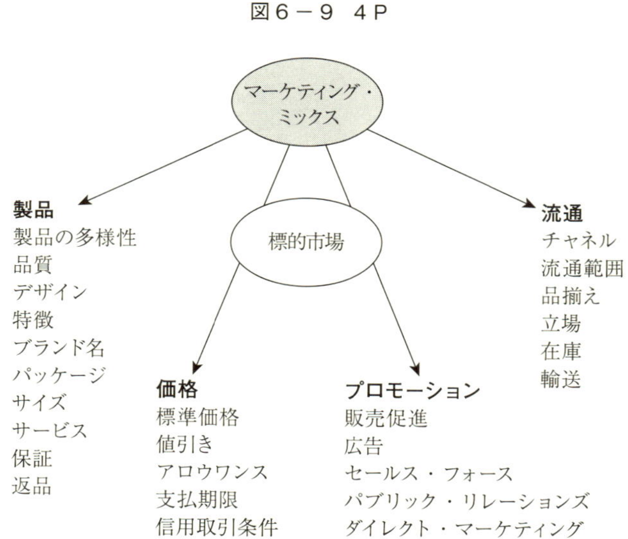

出所：Kotler & Keller（2006）邦訳 p.24。

４Ｐ分析

・**製品**（Product）

標的市場に対して取り扱う製品をどのようにするかを設定する。取扱い製品の幅深さなどの品揃えのほかにデザイン，パッケージ，ブランドについての設定も含まれる。

・**価格**（Price）

価格は製品やサービスが市場で取引される際に支払われる金額である。価値を顧客に表示する側面と，利益の源泉の側面があり，価格設定は重要な意味を持つ。関連して支払条件や契約条件なども含まれる。

・**流通**（Place）

生産者から最終消費者へ販売されるまでの製品，お金，情報の流れであり，製品を最終消費者へ到達するのにどのような経路をたどれば最も効率的であるかを設定する。

・**販売促進**（Promotion）

消費者に製品の存在を知ってもらうための PR として最適な手段について設定する。

４Ｃ分析

・**顧客ソリューション**（Customer Solution）

その製品・サービスは顧客にどのような価値をもたらすのか。顧客は製品・サービスにお金を払っているのではなく，その製品・サービスの価値に対してお金を払っている。

・**顧客コスト**（Customer Cost）

その製品・サービスを手に入れるのにどれだけのコストがかかるのか。コストはお金だけではなく，購入にかかる時間や手間も含まれる。

・**利便性**（Convenience）

その製品・サービスをどれだけ手軽に購入できるのか。顧客の求める価値に合致した入手容易性が求められる。

・コミュニケーション（Communication）

企業から発信するメッセージが顧客に正確に届いているのか，顧客の声が企業側に届いているのか，双方向からのコミュニケーションを円滑に取ることができる仕組みの構築が必要になる。

参考文献

グロービス・マネジメント・インスティテュート（2006）『MBAマーケティング』ダイヤモンド社.

経営能力センター（2015）『マネジメント』中央経済社.

中村力（2008）『ビジネスで使いこなす入門　定量分析』日本実業出版.

中村力（2009）『ビジネスで使いこなす入門　定性分析』日本実業出版.

福澤英弘（2010）『図解で学ぶビジネス理論　戦略論』日本能率協会マネジメントセンター.

第７章
ケースメソッド

(1) ケースメソッドとは

ケースメソッドはアメリカのハーバードビジネススクールで1900年代初頭に開発された教育方法である。もともとは同大学のロースクールで用いられていた判例研究の授業のやり方をビジネススクールの経営教育に展開したもの，あるいは同大学医学部で行われていた症例検討会を模したものともいわれている。

ケースメソッドは授業の進め方の１つであり，ケースメソッド担当教員が学生とともにクラス全体で討論しながら授業を進めていくディスカッション形式の授業である。

ケースメソッド授業での討議は実際に起こったことを記述した事例（ケース）を教材として行われる。授業に参加する学生はケースから考えられる問題についてさまざまな角度から意見を出しディスカッションを行う。講義形式の授業に比べるとケースメソッドの授業は学生間でさまざまな意見が飛び交うことが対照的である。

(2) ケースメソッドの教育効果について

わが国でいち早く授業にケースメソッドを導入した慶応ビジネススクールの高木晴夫教授はケースメソッドによる教育効果を次のように述べている。

① 一般的にいって講義形式やテキスト中心の授業よりも，学生の興味を引き起こすことが容易である。それゆえに学生に対して自発的な学習意欲を喚起し経営に関する学習と思考を刺激する。

② 学生に，現実問題の解決という「経験」のなかで概念や考えを使用させることにより，それらの「経験」を自らのものにすることができる。

③ 学生に対して，状況を評価し概念を応用することができる技能を育成で

きる。

④ 学生にこの方法を必要とするグループ研究やほかの人々との相互関係が，経営の人間的側面の理解にとって有効な準備であることが学べる。

⑤ 学生にとって，既成概念の応用と同時に新しい概念を展開する方法を身につけることができる。ケースメソッドによる学習体験者は，将来に対してより良く準備することができる。

さらに，元慶応義塾大学ビジネススクールの石田英夫教授はケースメソッドのメリットとして以下をあげている。

① ケースを通して学ぶことからたとえば会計科目でもなじみやすい。

② 予習しなければ授業に参加できないことから学生の学習への身の入れ方が深い。

③ 討論を通じて自立した意思決定が成長することが期待できる。

④ 自分の考えを表現して他社を説得するスキルが身につく。

このように，ケースメソッド授業によって，講義形式では学ぶことができない事例を基にした経験を通して，学習意欲を喚起して，将来への備えが進むことの有効性を述べている。

筆者の所属する国際医療福祉大学大学院ヘルスケア MBA コースも必修科目としてケースメソッドを授業に取り入れている。1 回の授業は 2 時間であり 1 つのケースを用いて 2 回連続で授業が行われる。ケースメソッドに参加する大学院生は予めケース資料を読みこなしたうえで授業に参加し，複数の課題に対してグループディスカッション，クラスディスカッションを通して討議を重ねながら，解決策への理解を深めていく。

ヘルスケア MBA コースの大学院生は，ヘルスケア組織に勤務するスタッフが大半であるが，年齢，職種，職位は異なっている。このようにさまざまな職種，年齢の方がディスカッションをするため，「色々な意見を聞くことができた。」「あのような考えもあるのがわかった。」など，さまざまな意見が出ており大学院生からは人気の高い授業である。

ケースメソッドを担当する本学大学院教員はケースライティング（ケースの記述）を担当したうえでケースリーダーを担うため，教員の負担は大きいが授業がうまくいった場合の充実感は講義形式の授業では得られないものがある。

(3) ケースメソッドと事例研究の違い

ケースと事例研究はどのように異なっているかについて疑問を持たれている方も多いと思われる。このケースと事例研究の違いについて，九州大学の星野裕志教授は次のように述べている。

① 筆者自身が結論を導き出すか否かの違いがある。ケースでは筆者の役割は事実の提示に留まり，読者が状況や数値など客観的事実を分析し結論を出すことが求められる。事例研究では想定された結論に向け必要な情報を集めて分析し，プロセスが提示される。その結果，ケースには様々な結論が存在するが事例研究は筆者の結論が明確に示される。

② ケースと事例研究には学習方法に違いがある。ケースは，書かれた事実を基に多様な解釈の余地が残されており，読者の持つ知識や経験から状況を把握し多様な視点で分析し結論として自分なりの判断を導き出す。異なるバックグラウンドを持つ他の学生とのグループワークやディスカッションを通じて，異なる物の見方を学習することで，重層的かつ多角的な分析手法を身に付けることができる。

一方，事例研究においては，提示された手法や結論を導くプロセスを学習し，筆者の分析に考察を加える個人学習が主体となる。

③ ケースと事例研究にはそれぞれの構成に違いがあり，ケースには対象企業や業界についての現状や歴史，業界の競争環境，直面する課題などの一般的な概要が示される。また財務データや業績なども添付資料として提示されることで自己完結的に判断する材料が示される。

　事例研究は筆者自身の結論をサポートする事実や解釈が含まれるが，結論とは関係の薄い事実は必ずしも提示されないことから，事例の中から反証の材料を得ることは難しい。

④ ケースと事例研究には目的に違いがあり，ケースは疑似体験を通して意

思決定力を高めるマネジメント・トレーニングを目的とするのに対して，事例研究では，対象企業の記述にある成功要因や失敗要因，あるいは事業展開を事実として受け止め，その結果からインプリケーションを得ることを目的としている。

このようにケースメソッドによる学習と事例研究による学習の違いを述べている。ケースメソッドが事例研究と大きく違う点は，疑似体験を通しての意思決定力が培われることと，参加者のバックグラウンドの違いを背景に多様な解釈があることにあると思われる。

そして，さまざまな意見が述べられることから多くのことを学ぶことができることから学生たちから人気の高い授業であるといえる。

この章ではケースメソッドで２つの事例を取り上げる。

１つは聖路加国際病院のケースであり，もう１つは筆者が所属する国際医療福祉大学のケースである。

Ⅰ　聖路加国際病院のケース

1　聖路加国際病院の挑戦

理事長　福井次矢挨拶（聖路加国際大学 Web サイトより）

学校法人聖路加看護学園は，一般財団法人聖路加国際メディカルセンターより聖路加国際病院を含む医療関連施設の譲渡を受け，2014 年 4 月 1 日付けで学校法人聖路加国際大学となりました。

Teusler 先生が創設された聖路加病院と看護教育は，設立 112 年を経て，聖路加国際大学という一つの学校法人のもとで運営されるという，新たなステージに移ります。このような組織の大変革によって，今後，聖路加国際大学では下記のような発展が望めるものと考えています。

1．看護教育の質の向上
    1．アクティブラーニング型学習への転換
    2．Interprofessional Learning の導入
    3．臨床実習の期間延長（23 単位⇒ 34 単位）
    4．大学院に CNE 養成課程（看護教育学上級実践コース）を新設
    5．各病棟に修士課程で学んだ臨床看護教育者（CNE）を配置
    6．シミュレーション教育の充実
    7．国際化の推進等
2．学部・大学院の増設
    1．公衆衛生大学院
    2．メディカルスクール等
3．経営の効率化・安定化・展開能力の増強
    1．共通部署（事務部門や図書館等）の統合による効率化
    2．税制上の優遇措置
    3．病院の資産活用等

これまで以上に質の高い医療を提供し，医療現場を最大限活用した看護とその他の医療職の教育をさらに充実すべく，努力してまいります。

一般財団法人聖路加国際メディカルセンター
「医療関連事業の事業譲渡に関するお知らせ」

文部科学省より平成 26 年 2 月 12 日付けで認可された寄附行為変更に伴い，4 月 1 日に以下の通り登記事項変更を行いました。

1. 学校法人名称を学校法人聖路加看護学園から学校法人聖路加国際大学へ，大学名称を聖路加看護大学から聖路加国際大学へ変更いたしました。
2. 一般財団法人聖路加国際メディカルセンターより医療関連業務の事業譲渡を受け，聖路加国際病院を含む医療関連施設を，学校法人聖路加国際大学の附属施設といたしました。

聖路加国際大学寄付行為
第二章 目的及び事業
（目的）
第３条　この法人はキリスト教主義に基く人類奉仕の精神を体し，社会の情勢に適応する看護教育を授ける私立大学その他の教育研究施設を設置・運営することを目的とする。
（設置する学校及び附属施設）
第４条　この法人は前条の目的を達成するため次の学校を設置する。
一　聖路加国際大学 大学院看護学研究科
看護学部 看護学科
２　学生の臨床実習教育及び教員の研究に資するため，聖路加国際大学に次に掲げる施設を置く。
聖路加国際病院

一般財団法人聖路加国際メディカルセンター
理事長 日野原重明

医療関連事業の事業譲渡に関するお知らせ

謹啓　時下益々ご清栄のこととお慶び申し上げます。また，平素より格別のご高配を賜り厚く御礼申し上げます。

この度，当法人が運営しております医療関連事業について，平成26年4月1日を譲渡日として，学校法人聖路加国際大学（同日付で学校法人聖路加看護学園から名称変更予定）へ事業譲渡することをお知らせ申し上げます。

なお，事業譲渡後も，聖路加国際病院等の各施設名称には変更はなく，学校法人聖路加国際大学が従来と同様の事業運営をいたします。

今後とも変わらぬご支援・ご協力を賜りますよう謹んでお願い申し上げます。

謹白

記

1．事業譲渡の概要

①　聖路加国際病院
②　聖路加国際病院訪問看護ステーション
③　教育・研究センター
④　聖路加国際病院附属クリニック
⑤　聖路加産科クリニック
⑥　聖路加国際病院附属クリニック聖路加メディローカス

上記施設において運営される病院事業，予防医療及び在宅医療に関する事業，並びに医療及び保健指導に関する社会福祉増進事業，教育啓発事業，及び研究事業その他これらの事業に付随する一切の事業（キリスト教教会活動事業を含む。）

2．事業譲渡日

平成26年4月1日

3．事業譲渡先の概要

法人名：学校法人聖路加国際大学（譲渡日付で学校法人聖路加看護学園から名称変更予定）

所在地：東京都中央区明石町 10 番 1 号

代表者：理事長 福井次矢

設立年月日：昭和 29 年 4 月 23 日

主たる事業：看護教育事業

図７－１　学校法人　聖路加国際大学組織図

2014.7.1 現在

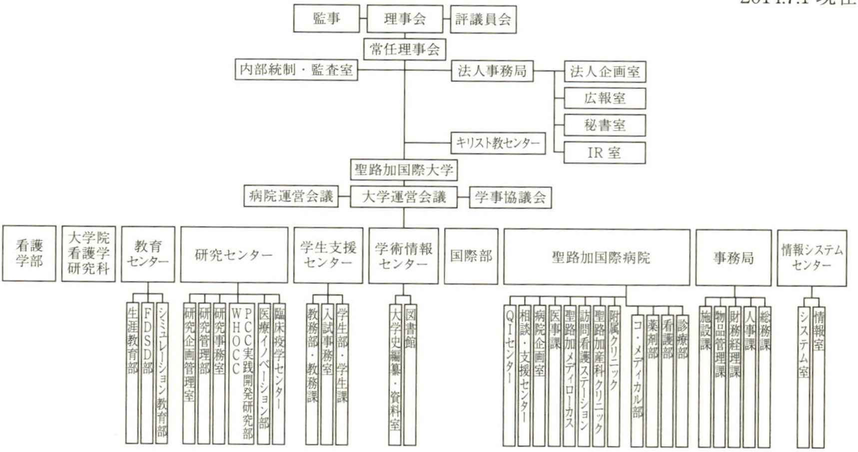

- 監事
- 理事会
- 評議員会
- 常任理事会
  - 内部統制・監査室
  - 法人事務局
    - 法人企画室
    - 広報室
    - 秘書室
    - IR 室
  - キリスト教センター
  - 聖路加国際大学
    - 病院運営会議
    - 大学運営会議
    - 学事協議会
      - 看護学部
      - 大学院看護学研究科
      - 教育センター
        - 生涯教育部
        - FDSD部
        - シミュレーション教育部
      - 研究センター
        - 研究企画管理室
        - 研究管理部
        - 研究事務室
        - WHOCC
        - PCC実践開発研究部
        - 医療イノベーション部
        - 臨床疫学センター
      - 学生支援センター
        - 教務部・教務課
        - 入試事務室
        - 学生部・学生課
      - 学術情報センター
        - 大学史編纂・資料室
        - 図書館
      - 国際部
      - 聖路加国際病院
        - QIセンター
        - 相談・支援センター
        - 病院企画室
        - 医事課
        - 聖路加メディローカス
        - 訪問看護ステーション
        - 聖路加産科クリニック
        - 附属クリニック
        - コ・メディカル部
        - 薬剤部
        - 看護部
        - 診療部
      - 事務局
        - 施設課
        - 物品管理課
        - 財務経理課
        - 人事課
        - 総務課
      - 情報システムセンター
        - システム室
        - 情報室

出所：学校法人聖路加国際大学ウェブサイト。

2　聖路加国際病院の開院から今日までの歴史

（1）はじめに

聖路加国際病院は 1902 年に小さな診療所からスタートし，関東大震災による倒壊，第 2 次大戦の戦禍，米軍の接収，接収解除を経て数度の病院建替えによって規模の拡大を図ってきた歴史を有する。開設以来現在の病院所在地に立地し地理的拡大による病院増設・病院買収，垂直統合による介護分野進出などは行わずに単一病院組織として規模の拡大を図ってきた病院である。

聖路加国際病院の組織デザインは開院後数年間の単一組織から早い段階で職能別組織に移行し，100 年近く職能別組織であった。その後に最近になって事業部制組織に移行し，さらに近年大学の附属病院となっている。また組織のライフサイクルでは開院時の企業家段階から共同化段階を経た後，次の公式化段階に移行するが，戦後の米軍接収により企業家段階・共同化段階に戻った後に公式化段階を経て現在の精緻化段階に移行している。

(2) 組織のライフサイクルモデル

組織のライフサイクルには４つの発展段階があり，それら４つ主要段階が組織の発達を特徴付けている（Daft 2001）。

起業家段階の特徴は，組織は小さく，非官僚主義的かつワンマンショー的である。トップマネージャー自身が組織構造とコントロールシステムを手がける。存続することと単一の製品・サービスを生産することに組織の精力が注ぎ込まれる。リーダーシップの危機は，従業員数が増加しマネジメント上に問題が生じたことに起因する。リーダーシップの危機を乗り越えた組織は次の共同化段階に移行する。

共同化段階の特徴は，組織の青年期にあたり，成長のペースが速く，従業員はいきいきと組織のミッションに取り組む。組織は明確な目標と方向性を策定し始める。組織構造はまだ概ね非公式であるものの，いくつかの実務手続きが現れつつある。権限委譲の必要性の危機は，従業員が多くの裁量を求めることに対して経営トップが権限を手放さないことによって生じる。権限委譲の危機を乗り越えた組織は次の公式化段階に移行する。

公式化段階では，ルール，手順，コントロールシステムが導入・利用されるようになる。コミュニケーションは以前より少なく公式化される。やがて官僚主義的な特徴が現れ，業務手続を公式化し，明確な階層構造と分業を確立する。官僚制的形式主義を乗り越えた組織は次の精緻化段階に移行する。

図7－2　組織のライフサイクル

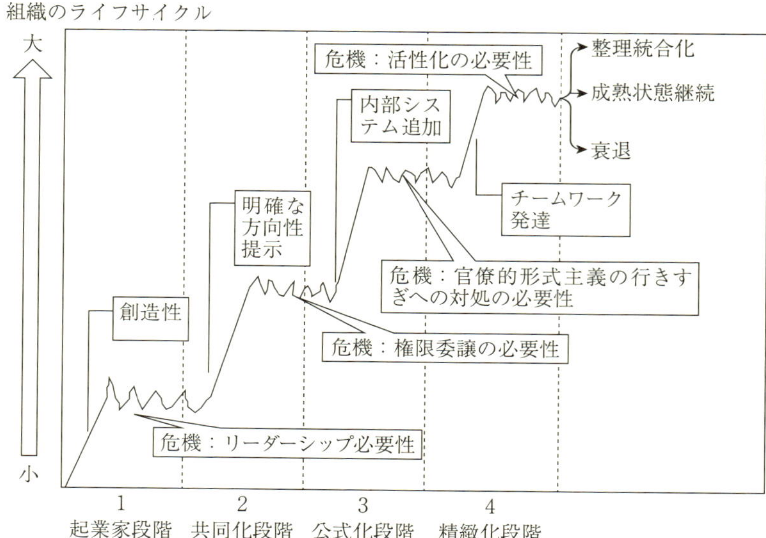

出所：Daft（2001）邦訳 p.167。

精緻化段階の特徴は，成熟した組織として大規模かつ包括的なコントロールシステムや手続きを有している。公式なシステムが単純化され，タスクフォースが採用されることもある。協力体制を実現するため組織が複数部門に分割される場合もある。

(3) 病院組織の成長と発展の先行研究

病院組織の発展は成長とともに，診療チーム，診療機能組織，プロトタイプのマトリックス組織，職種部門別組織，事業部制，マトリックス組織へと6つのステージに進化する（中島 2007）。

診療チームは1人の医師を中心とした個人診療所であり，企業組織の単一組織形態である。1人の医師が業務の命令・指示をすべて行い，医療技術者・看護師も1人だけである。聖路加国際病院の開設前の診療所時代がこの診療チームに相当する。

診療機能別組織は，診療所や小規模病院で見られる組織であり，企業組織の単一組織から職能別組織に移行する段階である。2 ～ 3 人の医師がいて医師の診療機能を中心に組織が動いており，医師の専門分野や診療科別に次第に分かれはじめる。聖路加国際病院の開設直後がこの診療機能別組織に相当する。

プロトタイプのマトリックス組織は，中規模民間病院に見られる組織である。医療技術の専門分化に伴い看護部門などが独立し，権限が一部委譲されるが，引き続き医師は業務や人事管理に関与する。診療機能と組織管理上の複数の命令系統が存在する組織である。

職種部門別組織は，中規模以上の病院に見られる組織である。企業組織の職能別組織に相当する。医師は診療科ごとに独立して診療科別の管理機構ができ上がる。コメディカルスタッフ機能も拡大し，医師は看護部などの内部人事に他部門が介入できなくなる。事務部門も事務部長以下多くのスタッフを抱えるようになる。聖路加国際病院は 1930 年代以降職種部門別組織に移行している。

事業部制組織は，経営する組織が複数になり，透析センター，循環器センター，救急センター，ICU・CCU，健診センターなどの独立性の高い戦略部門ができると組織は事業部制となる。聖路加国際病院は 2005 年以降に事業部制組織に移行している。

マトリックス組織は，各事業部を統括する本部機構に職種別の統括責任者が置かれ，事業部間の専門職種別部門の管理を行うようになる。

(4) 聖路加国際病院の概要

聖路加国際病院は 1902 年に開院し 100 年以上の歴史を有する病院である。病院は開院以来，東京都中央区明石町に立地している。病院建物は地下 2 階・地上 11 階建，病床数 520 床，1 日平均入院患者数約 470 名，1 日平均外来患者数約 2,600 人，職員は医師 311 人，看護師 722 人，事務職 200 人，コメディカルスタッフ 270 人その他 65 人，職員合計約 1,550 人の病院組織である。

聖路加国際病院の理念は，「キリスト教の愛の心が人の悩みを救うために働けば苦しみは消えてその人は生まれ変わったようになる。この偉大な愛の力はだれもがすぐわかるように計画されてできた生きた有機体がこの病院である」

でありこの理念は病院職員に深く浸透し行動規範となっている 。

(5) 聖路加国際病院の歴史

① 聖路加国際病院開設の発端

聖路加病院設立者ルドルフ・ボリング・トイスラー（以下トイスラー）が米国聖公会より日本に派遣されて聖路加国際病院を開設した経緯は，C・Mウィリアムズ（立教大学創設者）による聖公会の日本宣教綱領が基になっている。トイスラー来日以前に，5人の宣教医師が日本に派遣されたが，いずれも病院開設までには至らず短期間で離日している。

トイスラーは，義兄から東京に宣教医師が行かないため病院が開業できないという話を聞き，聖公会本部へ宣教医師として東京に行きたい旨志願し，1900年2月に来日している。

② 開院（1902）から病院増築（1913）病床数0床～70床

1902年2月に聖路加病院は前身の築地病院を改称して開設された。1901年の開院広告には『築地聖路加病院　院長　外科・婦人科ドクトル・トイスラー，内科小児科ドクトル川瀬元九郎，ドクトル・マクドナルド，眼科耳鼻科蒔田庭二郎，ドクトル・ホイットニー，診療時間午前9時より同12時まで，但し当直医員診察随時』と記載がある 。このことから当初は6診療科で医師5人が診察していたことがわかる。その後，荒木看護婦を看護婦長に迎え，ドクトル・スクリュパを外科医長に迎え，手術室の設備を新しく整え，特別病室を設けた。その後に東京大学教授ベルツも顧問となっている。

1903年に別館が完成し，手術室，消毒室，個室3室，治療室4室，薬局が増設された。診療時間は毎朝8時30分～12時30分であった。

1904年に聖路加看護婦学校が発足している。生徒は8名で，荒木看護婦長により系統だった看護教育が行われた。米国風の看護教育によって2年間は看護理論，実習は外部の病院で行っていた。

1905年には病院の基礎と内外の信用も固まり，患者数は増加した。そのため病院建物は狭隘と感じられたようである。その頃東京で万国博覧会の開催の

図７－３　発足時の聖路加病院の組織図

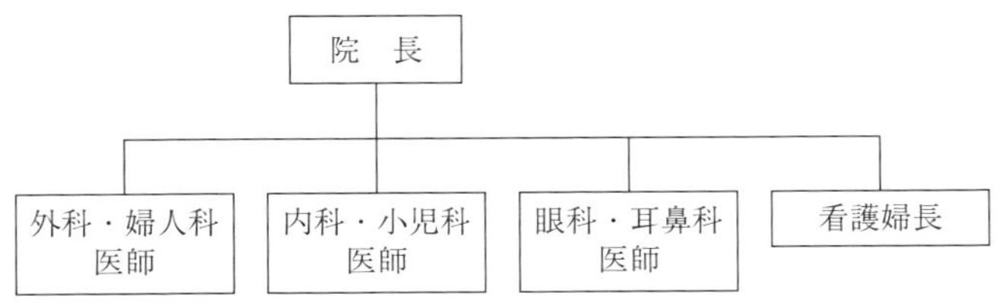

出所：『聖路加国際病院の 100 年』p.71 記載内容を基に筆者作成。

計画があり，欧米人向けの大規模病院建設プランがあった。結局万国博覧会は中止になったが，大病院建設プランはそのまま継続した。この万国博覧会開催計画は坂井徳太郎がトイスラーに伝えている。坂井徳太郎は立教出身でハーバード大学留学の後，日露戦争の際に渡米した経歴を持ち，その後外務大臣秘書官を務めたことから，トイスラーを政府要人に紹介することに尽力している。

1911 年に明治天皇からの花輪と褒状が届けられている。この年は病院創設 10 周年に当り，記念祝賀会を開催している。この頃は医師７名，看護師 20 名の陣容で診療を行っていた。

1912 年に新病院建設計画の後援会が発足，メンバーは大隈重信，渋沢栄一，桂太郎らであり，初代会長に大隈重信，幹事に坂井徳太郎が就任している。

1913 年には，大隈重信首相が閣僚，政府高官，学者，実業家を招き聖路加病院に対する最も有効な援助方法を検討し，その結果，評議員組織が発足した。会長に大隈重信，副会長に後藤新平，渋沢栄一，坂井徳太郎，坂井芳郎が就任した。大正天皇より５万円の下賜金があり，やがて三井家・岩崎家から各５万円，その他朝野の有志より 10 万円の寄附があった。この頃に病院建物を増改築し，増築後４階建ての 70 床の病院となり，診療科目は，内科，外科，産婦人科，皮膚科，泌尿器科，耳鼻科，眼科，歯科，X 線科を擁していた。

1902 年に医師５人の６診療科で開院しその後内外の寄付金などによって増改築を行い 70 床の規模まで拡大している。病院の基盤拡大に向けて著名医師の招聘を行い，政府要人への働きかけを行っていた時期である。

③　病院増築後（1914）からトイスラーの死去（1934）病床数70床～475床

1914年に大隈重信総理の提案で病院設立計画評議会が設立して初代会長に大隈重信，副会長に渋沢栄一が就任した。1917年に募金活動が完了している。この年4月に聖路加病院から聖路加国際病院に名前が変更する。

図7－4　1917年頃の聖路加国際病院の組織図

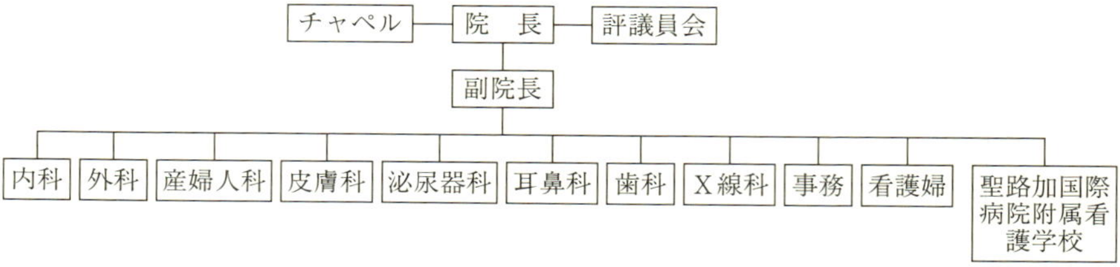

チャペル ― 院　長 ― 評議員会
副院長
内科 / 外科 / 産婦人科 / 皮膚科 / 泌尿器科 / 耳鼻科 / 歯科 / X線科 / 事務 / 看護婦 / 聖路加国際病院附属看護学校

出所：『聖路加国際病院の100年』p.79記載内容を基に筆者作成。

1923年に関東大震災で病院施設のすべてが破壊され，天幕病院（米国政府医療庁野戦病院（225床））で診療が行われた。この頃の職員はアメリカ人10名うち医師3名，日本人64名うち医師16名であった。

1924年に急増したバラック病院（50床）が使用できるようになったので天幕病院から入院患者を移している。同年に米国聖公会本部は築地の所有地全部を聖路加国際病院用地とすることを決議し仮病院も使用できるようになり，天幕病院は撤去されることになった。その後火災のため仮病院の2/3が焼失するが，改修工事後診療を再開する。この当時，内科10名，外科6名，産婦人科7名，皮膚科2名，耳鼻咽喉科3名，小児科7名，眼科3名，歯科3名の医師が在籍し，日本人従業員は219名，2～3人の外国人医師も在籍していた。この当時の事務室には，事務長，会計，庶務（統計），受付，院長秘書，社会事業部，栄養士，受付などの役割分担が記録されている。

1925年に産院建物が完成し，築地産院となり，本院内の産院と乳児院は新築病院に移転した。病院の目指す事業として「患者に高いスタンダードの治療をする事。看護婦の教育訓練。若い医師の学校卒業者の教育。家庭訪問して医療とその知識を与える社会奉仕。学校衛生へ参加。病院のスタッフの仕事のよき連絡即ちチームワークを行う施設なり」とホスピタルセンターを目指している記載がある 。後年の聖路加国際病院の事業ドメインはこの当時に固まった模様である。

図７－５　1933 年当時の聖路加国際病院組織図

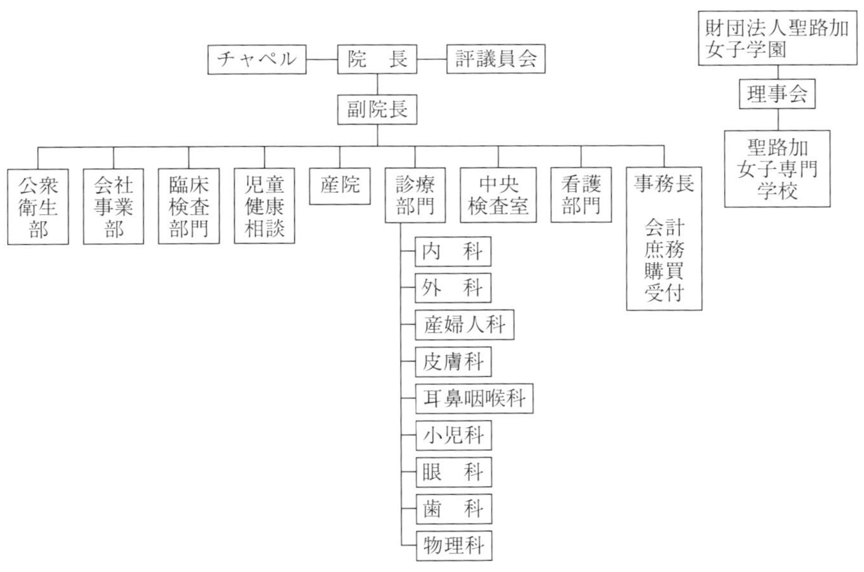

出所：『聖路加国際病院八十年史』p.24 および p.233 記載内容を基に筆者作成。

1933 年に中間幹部の専横による待遇改善の要求が出ており，中間搾取，食料改善など９か条の要望書が院長宛に提出されている。同年６月に聖路加国際病院本館が完成，奉献式の後，開院式が挙行される。入院患者病床は新旧併せて 475 床であった。標榜診療科は産婦人科，内科，外科，眼科，皮膚科・泌尿器科，小児科，耳鼻咽喉科，レントゲン科，歯科があった。当時既に管理部門としての事務部門は確立されていたようである。

1934 年８月にトイスラーは聖路加国際病院に入院後，冠状動脈血栓症で死亡した。そして久保徳太郎副院長が第２代院長に就任した。

トイスラーは，度々に災害にもめげず，国際性と創造性を発揮して病院建設の目的を持って，資金募集に奔走し，渡米することも度々であった。日野原重明（2003）は，「トイスラー先生は，自分よりも年上の日本人の医師で，奉仕の精神のある医者に，上手に働いてもらって，病院づくりの将来の夢を実現させるには，どれぐらいの経済力と，どのように人を集めればよいかをプランニングされた。（中略）医術の方は二十歳代であまりできなかったけれども，企画をすることに秀でていました。」と，トイスラーの起業家としての特性を述べている。

1914 年から 1934 年までの期間は，関東大震災後の復興から病院本館建設までの期間であり成長のペースが速く，職員は組織ミッションに取り組んでいる。病院の事業ドメインも確立されている。トイスラー院長と久保副院長，荒木看護婦長は病院の 3 本柱と称され，基盤づくりに大いに貢献したと記載がある。組織構造はいくつかの実務手続きが現れている。処遇改善の要求が出ておりより多くの裁量を求めるようになっている。

そして開設者トイスラー院長の死去により組織は次の段階に移行する。

④　トイスラー死去後（1935）から米軍の病院接収前（1945）病床数 475 床

1935 年 8 月に病院組織を変更して財団法人の創設が決議される。そして財団法人設立許可申請を行い，1936 年 10 月に財団法人聖路加国際メディカル・センター設立の認可を取得し，総長にはビンステッド主教が就任した。勤務規定などは法人設立認可 2 ヵ月後に制定されている。

1936 年度の患者数などは 1 日平均外来患者数 420 人，1 日平均入院患者数 216 人である。一方職員は医師 72 人，看護師 141 人，事務職 53 人，薬局 9 人，社会事業部 7 人，試験室 13 人，一般雇用人 139 人，医療技術員 8 人，技術部員 79 人，チャプレン 2 人，計 523 人であった。（1936 年 12 月 31 日）

1939 年 4 月から「財団法人聖路加国際メディカル・センター庶務会計規定」「財団法人聖路加国際メディカル・センター医員退職金給与規定」が施行される。この 2 つの規定は最初の公式成文内部規定であり，業務基準はその後も業務実態として引継がれている。「財団法人聖路加国際メディカル・センター庶務会計規定」には今日の「就業規則」「分掌規定」「事務業務基準」がすべて網羅されているほか，内部監査制度と内部牽制制度も規定されており，1939年当時にこのような制度を設けていることは高く評価されている。同年，理事会が開催され，「財団法人聖路加国際メディカル・センター庶務会計規定」に従って，4月1日付けで次のような組織の任命が行われている。

＜診療部組織＞

副院長，第1内科長，第2内科長，第3内科長，小児科長，第1外科長，第2外科長，産婦人科長，皮膚泌尿器科長，眼科長，耳鼻咽喉科長，歯科長，物理療法およびレントゲン科長，看護婦長

＜管理部門等組織＞

患者食餌係長，医療社会事業係長，診療簿医事統計図書係長，医療器具査定係長，監査事務取扱係長，受付係長，院内整備係長，炊事係長，営繕係長，物品保管係兼購入品受理係長，作業療法係長，調剤係長，職員保健伝染病舎係長，入院係長，会計係長，用度係長，庶務係長，用度主任

1940年当時の職員数は医師72名，コメディカル8名，看護婦151名，薬局12名，医療社会事業部10名，試験室17名，事務職50名，雇傭員252名，チャプレン2名の計574名であった。

1942年1月に医療営団が聖路加国際病院を接収するという問題が起こる。接収を免れるため医科大学付属病院にすることを計画し，5月に立教大学と聖路加国際病院の合併を厚生大臣に申請したが，11月に不許可の回答があった。これまで立教大学と聖路加国際病院の両法人理事会で数回話し合われたことはここで打ち切りとなった 。

1943年6月に法人名を大東亜医道院，病院名を大東亜中央病院に変更している。併せて理事も5名増員して12名で構成することになった。第2次大戦後の1945年9月の理事会で名称変更を決議し，財団名財団法人聖路加国際病院，病院名聖路加国際病院に名称を戻すことになった。

1935年から1945年までの期間は，日中戦争から第2次大戦終戦までの時期

図7－6　1939年の聖路加国際病院の組織図

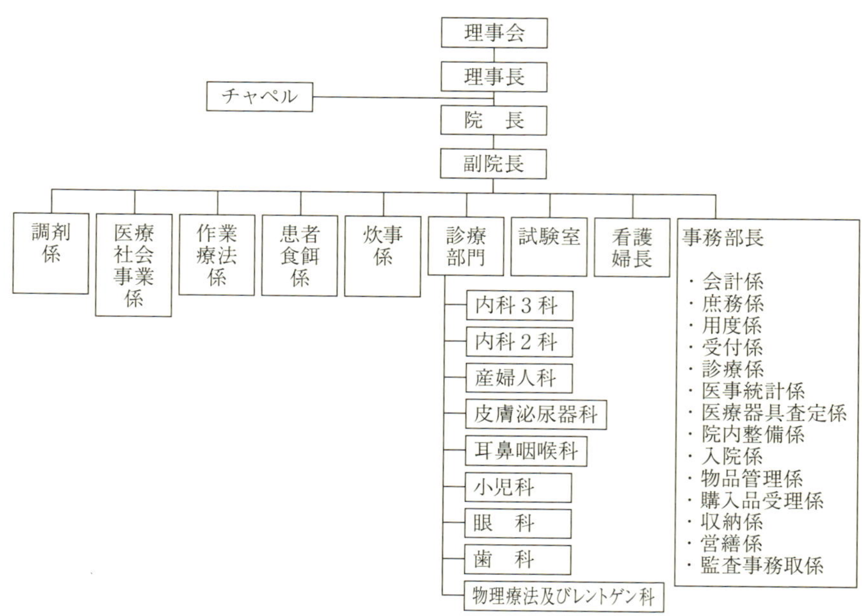

出所：『聖路加国際病院八十年史』p.29 記載内容を基に筆者作成。

に当たり，病院組織運営も当局との折衝などが重要な時期に当たっている。開設者トイスラーの死去後，財団法人設立の認可取得と庶務会計規定制定により組織運営は大きく変更している。

⑤　米軍の病院接収（1945）から接収解除（1956）病床数24床～140床

1945年9月に米軍に病院建物は接収され，「米軍第42陸軍病院」となる。接収と同時に全従業員は解雇となり退職手当が支給された。病院は築地の明石町14番地の都立整形外科病院を借りて11月より診療業務を継続した。この病院は病床24床で，2階建，病室15室，手術室，準備室などの設備を備えていた。病院職員は医師14名，看護師23名，薬局2名，厚生課1名，X線科1名，試験室2名，事務職15名，労務12名，チャップレン1名　計71名であった。診療科は内科，小児科，外科，産婦人科，耳鼻科，皮膚科，眼科，歯科で構成された。事務組織は事務部長，庶務課長，会計課長，営繕課長，用度課長，業務課主任などが配置されていた。病院が小規模であったため，全職員が一致協力しやすく家族的な信頼を増し，物資の不足にも耐えて病院の仕事に精励した。仮病院は規模も小さく建物も不完全であったが，従来の病院機能を圧縮しすべての機能は維持しており，余力を院外の医療活動に振り向けていた。

1946年3月に東京都立築地産院の病院管理を正式に委託される。5月に立教大学学生向けの医務室を開設し，医師と看護師が週1回往診に来ていた。この医務室は診療所に改称して今日の立教大学診療所となっている。立教女学院，三菱銀行，駐留軍東京PXにも医務室を開設し，清里聖路加診療所も開設された。

1951年1月現在の従業員数は医師36人（院長1名，医長11名，副医長4名，医幹6名），助手3名，医療補助者34名（薬局6名，X光線科3名，試験室6名，医療社会事業部3名，オーダリー1名，マッサージ1名，業務課1名）看護婦38名，事務職18名，労務30名，チャプレン1名　計157名である。

1953年に旧館建物が米軍の接収解除により返還される。病院は140床で内科，外科，小児科，産婦人科，結核の5病棟に区分された。各病棟に看護婦，勤務医員が配置された。9月の管理協議会で「事務分掌」と事務職の責任者の任命が行われている。事務部は6課7係あり，庶務課，会計課，業務課，給食課，用度課（購買係，供給係，倉庫係）営繕課（建築係，工作係，電気係）入院係，ホステス，院内整備係，リネン裁縫係，洗濯係，汽缶係があり，各責任者が任命されている。

1954年に病院管理組織を改め，中央管理方式，病棟専属医制度を採用する。事務部でも業務課が医事課となり，医事課は入院係，受付係，現金収納係，診療記録係，健保係によって構成された。有料の人間ドックが2床で開始される。

1956年5月に本館建物が返還される。病床数296床とする。この頃の事務職は16課が組織されている。医療事務課，院内整備課，リネン裁縫課，洗濯課，給食課，汽缶課，営繕課，会計課，用度課，検収課，倉庫課，庶務課，広

図7－7　1947年の聖路加国際病院の組織図

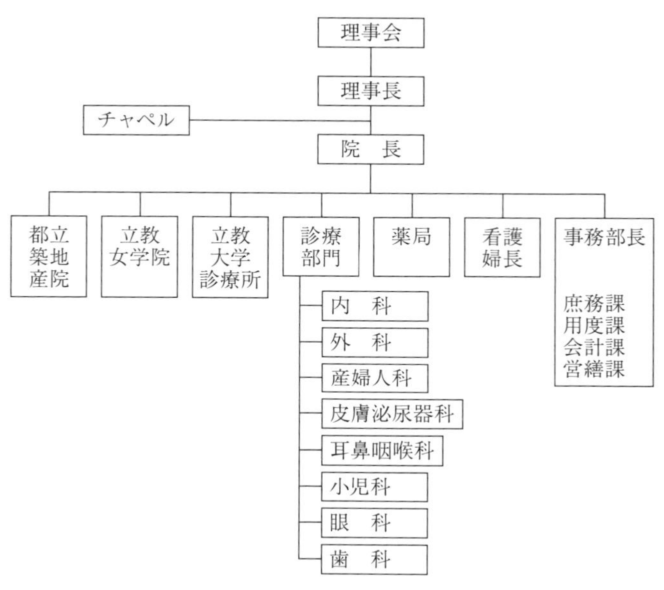

出所：『聖路加国際病院八十年史』p.126 記載内容を基に筆者作成。

報課，写真課，電話昇降機課，秘書課である。この時期に組織拡充を図ったため，課長不在あるいは兼任が多く見られた。11月に旧都立病院（聖路加仮病院）を東京都に返還する。

1945年の米軍による病院接収と同時に職員は一旦解雇になった後，24床の病院で一部の職員によって病院は継続されている。この時期に立教大学を始めとする診療所運営を手がけている。

⑥　米軍の病院接収解除後（1957）から新病院建設開設前（1991）病床数296床～520床

1960年に東京都より外来棟建築許可証が交付され，本格的に増築工事が着工する。病院設立60周年記念式典と日米修好通商100年記念祝賀パーティーが開催される。

1961 年，新外来病棟完成 36 床増床し計 368 床になる。1964 年に聖路加看護大学が設立し橋本院長が学長に就任する。

1967 年に聖路加国際病院労働組合を結成。聖路加互助会が組織化される。1970 年頃より人件費・経費負担から慢性的な赤字状態になる。

1979 年に理事会正式承認前に第３街区賃貸契約の「覚書」を締結したため，その後の院内と契約先Ｔ社との紛争原因となり，職員間で理事長の対処が問題とされる。その後菅原院長を委員長とする「病院再生委員会」発足。外来業務改善，増床検討，収益状況の改善に取り組むこととなった。

1980 年に病院の将来を展望する「長期計画委員会」が発足する。一方「覚書」問題処理などから，医長会を中心とする院内組織による「聖路加国際病院を守る会」が発足し　大会が開催される。福島理事長が辞任し，水上達三理事長就任，菅原虎彦院長が辞任し，野辺地篤郎院長が就任した。「病院再生委員会」を再組織化し「新病院建設準備協議会」が発足する。

1981 年に病院付属高等看護学院は専修学校制度により聖路加国際病院付属看護専門学校となる。「新病院建設準備協議会」の新病院建設具体案の中間報告による将来像，国際病院，教育病院，コミュニティ病院，救急医療，予防医学実践のジェネラルコンセプトに基づく高水準医療と教育を行う「聖ルカメディカルセンター」という概念でとらえ，病床数を 500 ～ 600 床と結論を出した。

1982 年「長期経営委員会」は財政黒字化に伴い一旦解消し，「病院看護大学建設合同委員会」を設置，「新病院建設準備協議会」は「新病院建設委員会」に再編される。MPA 社と契約し，新病院のプラン作りを開始する。

1983 年「第２次長期計画委員会」が病院近代化構想を進める目的で発足する。経営合理化の一環で付属看護専門学校の廃校が理事会で決定する。

1985 年に業務改善委員会主導の下，TQC サークルが推進され第１回業務改善事例報告会が開催される。第１，第２，第３街区の活用方法が了承される。

1986 年に医師部門に管理体制を明確化するため部長制を導入する。内科部長，外科部長，小児科部長，産婦人科部長，脳神経外科部長，泌尿器部長，整形外科部長，眼科部長，耳鼻咽喉科部長，皮膚科部長，放射線科部長，臨床病理部長，理学診療部長，胸部外科部長，胸部外科医長，麻酔科医長が発令された。定年は男女ともに65歳となった。

1989年に新病院建設の起工式開催。医薬分業移行（院外処方の実施），医業収入の初の前年比減収（マイナス4億円）。一方，人件費の前年比プラス3億円により人件費率60%以上になる。1990年には財団の事業規模拡大により財団全体を統括する事務局を設置する。試験研究法人設立，研修医・看護師の卒後研修制度の充実，新人事制度の導入。職能資格制度が導入された。

1956年から1991年までの期間は，米軍接収解除から新病院建設までの期間に当たっている。聖路加国際病院では1980年代以降，医師などから組織のあり方を巡る要求が出ているほか，TQC導入などを図っているなど，官僚制の危機を乗り越えるためのさまざまな活動が行われている。

⑦　新病院建設以降（1992）病床数520床

1992年に新病院が開院する。病床数520床，総建築費用378億円，地上10階建地下2階である。岩下一彦院長が辞任し，日野原重明常務理事が院長就任，副院長に看護部長を任命する。収益改善に向け，室料差額の見直し，部門別採算性の見直し，健診内科の充実を図った。病院立上後にはさまざまな問題が発生する。看護師数不足により病棟フルオープンできず，稼働率も60%台に留まる。オペレーションの不備，システム不備などが発生。意思決定に稟議制度を導入する。人員雇用と20万以上の新規物品購入が院長決定となる。決定事項伝達方式の明確化「業務通達」「手続通達」「報知」3種による通達発行手続き。経理規定試案策定。

1993年に病棟をフルオープンする。委託契約，費用などの見直しによる収益の3億円の改善を図るが約11億円の赤字を計上する。財団資産管理のための管理課が設けられる。病院経営比較検討会が開始される。

1995年に寄附行為の変更により第4条「事業」を「聖路加国際病院並附属看護専門学校及ビ之ニ必要ナル事業」から次のような「医師，看護婦及び医療技術者に対する啓発指導事業，臨床医学向上のための人材交流の促進事業，医療及び保健指導に関連する教育事業，その他この法人の目的を達成するために必要な事業」に改められた。総合企画部が設立される。これは組織簡素化の観点より事務局長－事務長の二重構造の非効率面解消を目的としたためである。

1996年に日野原重明院長が院長を退任し理事長に就任。財団法人聖ルカ・ライフサイエンス研究所設立。年頭目標に病院事務機構の再編成を掲げて９月に実施し，事務部門16部署を10に統合し，組織の簡素化と指揮・管理体制の明確化が図られた。人事制度の見直しも行われ，課（科）長，補佐，係長，主任，班長の５段階の役職はマネジャー，チーフの２種に統一した。併せて，職位者は管理・監督者であるとの観点から，必ず部下のマネージングを行うこととなった。そのため役職者数がコメディカル部門で35人から21人，薬剤部で５人から３人，事務部門では58人から27人に大幅に減少した。組織変更により，①医師部門②看護部門③コメディカル部門④薬剤部門⑤事務部門の５部門の組織となった。

1997年予防医学センター（人間ドック），腎センター（透析）が稼動開始。予防医学センターの営業強化のため総務課マネジャーが予防医学センター営業統括に異動する。救急医療センター開設，救急ICU8床，救急HCU12床の規模で開設。日本医療機能評価機構の審査を受け認定される。事務部門の組織再編，企画情報課を企画と情報システム課に分解，情報システム課が開発に専念できる体制構築。ドック事務課と予防医学センターを統合して予防医療事務課とした。

1998年に新経理事務規定が正式に制定され，会計監査基準の明確化，会計業務のマニュアル化が可能となった。1999年経理業務の見直しを図り，日常の窓口業務，支払い業務，物品調達方法，治験関係業務の見直しを図った。特に物品調達業務は内部牽制制度を強化するため，物品管理センターのかかりを見直した。

2000年に人事評価制度の精度引き上げにより，医師職の評価に当って課業の洗い出し作業を行い，部長職による面接と評価を実施した。昇格試験の選考・評価システムを構築し，通信教育とCS研修，レポート提出を義務付け，昇格の確定を図ることにした。

2001年にハートセンターの開設により循環器内科と心臓血管外科の外来機

図7－8　2002年の聖路加国際病院組織図

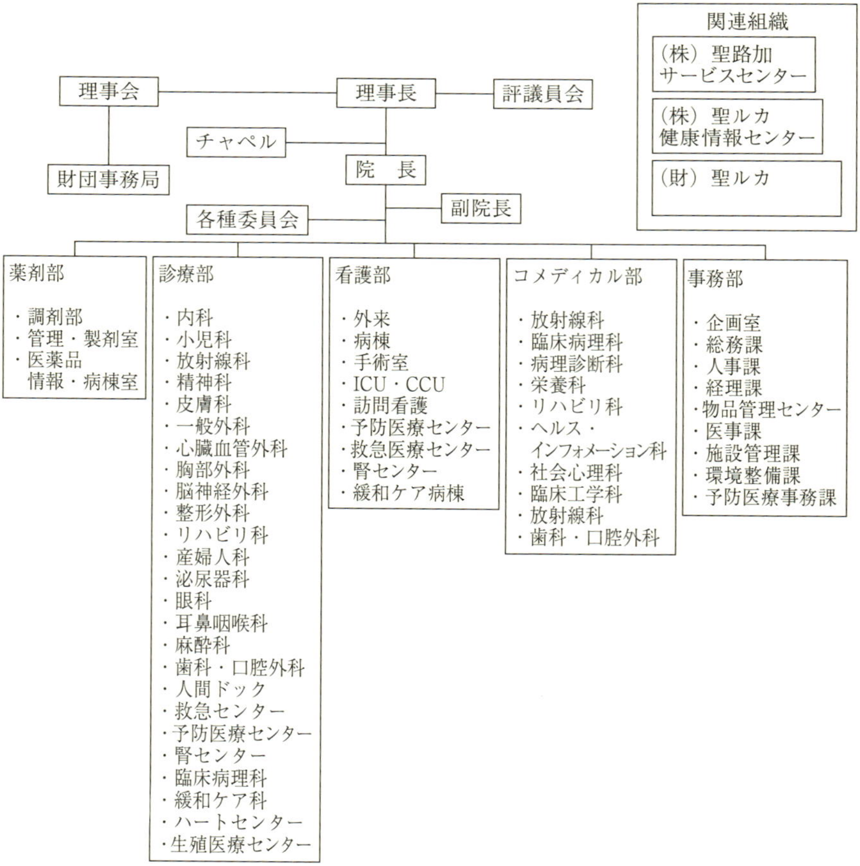

出所：『聖路加国際病院の100年』p.255。

能の一体化を図った。生殖医療センターを開設し，不妊治療の体制を整えた。少子化，高齢出産が増えるなか，この医療ニーズの応えることは目指すべき方向である。

2004年には付属クリニック・予防医学センターと聖路加国際病院の事業に分類され事業部制移行の萌芽が見られるようになっている。

2005年の段階で効率的組織運営のため事業部制組織に移行している。事業部は付属クリニック・予防医学センター，聖路加国際病院，教育・研究センター，訪問看護ステーション，診療情報センターの４つの事業部に分かれ，サポート部門として診療情報センター，事業管理部も独立するようになっている。聖路加国際病院が事業部制を導入したのは，組織の肥大によって迅速な意思決定ができなくなったことから事業部制を導入し分権化を図ったためであ

図７－９　2007年の聖路加国際病院の組織

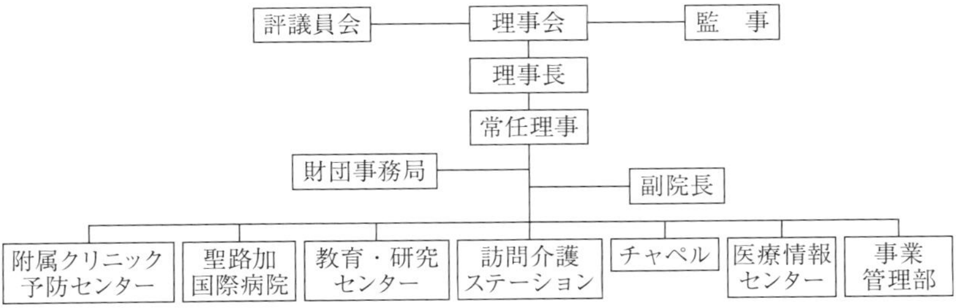

評議員会
理事会
監　事
理事長
常任理事
財団事務局
副院長
附属クリニック予防センター
聖路加国際病院
教育・研究センター
訪問介護ステーション
チャペル
医療情報センター
事業管理部

出所：『病院戦略を考える聖路加国際病院の事例を交えて』p.8。

図７－10　2014年　学校法人聖路加国際大学の組織図

2014.7.1現在

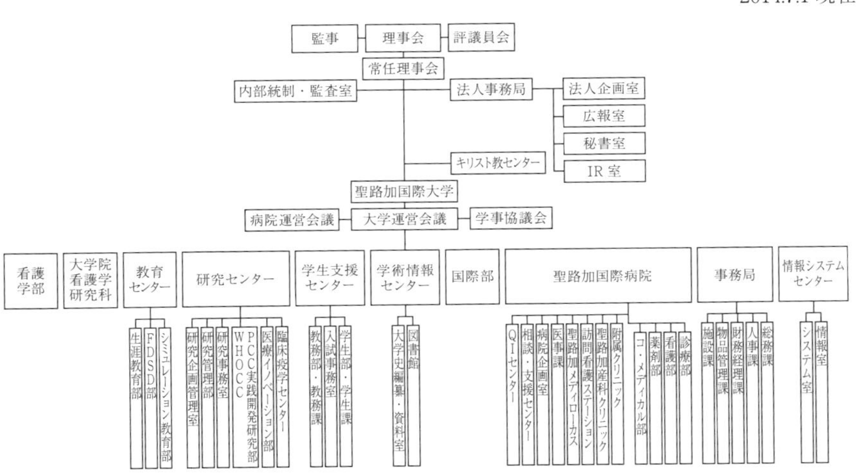

出所：学校法人聖路加国際大学ウェブサイト。

る。

2014年には前述のとおり，聖路加国際病院を含む医療関連施設の譲渡により学校法人聖路加国際大学の付属施設となった。

(6) まとめ

聖路加国際病院の100年余りの病院史は以下である。

聖路加国際病院の組織デザインは，トイスラーほかの医師がごく少数の単一組織の診療チームから始まり，増床に伴う規模拡大によってほかの病院に比べてかなり早い段階で職能別組織に移行している。これは聖公会が設立母体にあることなどにより米国式の病院経営を取り入れ，看護部・事務部門が早い段階で確立したことが背景にある。

その後関東大震災，第2次大戦の戦禍の後，米軍による接収・返還と激しく転換する過程を経たにもかかわらず100年近く職能別組織を堅持している。1920年代に病院管理を修学した米国人を事務長として組織運営体制の整備に取りかかり，その後1939年に庶務会計規定を制定し組織の任命を行うなど病院管理体制が整備されており，後に厚生省病院管理研修所のモデル病院に指定されている。このように職能別組織において病院管理体制がうまく構築されたこと，病院増設・病院買収などを行わなかったことから職能別組織は100年近くも堅持されることとなった。

その後最近になって事業部制組織に移行している。事業部制組織の移行は組織の肥大によって迅速な意思決定ができなくなったことから分権化を図ったためである。

本ケースは，聖路加国際病院の100年余りの病院史の検証を，聖路加国際病院の特色を踏まえたうえで試みたものである。1902年にトイスラーほか数名で開院された聖路加国際病院は今日では病院規模520床，従業員約1,550人の大規模病院になるまで発展している。

聖路加国際病院は開院直後のトイスラー院長のリーダーシップにより当時のわが国の政財界の有力者への働きかけ，当時の医学会有力者の招請によって内外の知名度向上に努めたほか，米国から病院管理手腕に長けた人物を帯同して管理体制固めに注力している。

聖路加国際病院のミッションは全人医療，患者中心の医療と看護である。そしてほかの病院と異なる聖路加国際病院の特色として，医師に学閥のないこと，チーム医療，フラットな組織などがあげられる。このような特色を背景に開院から100年以上を経て常に有力病院の地位を堅持することができたものと思われる。

聖路加国際病院はほかの病院チェーンのような地理的拡大や介護分野への垂直統合は行っていない。これは聖路加国際病院の理念の「キリスト教の愛の心が人の悩みを救うために働けば苦しみは消えてその人は生まれ変わったようになる。この偉大な愛の力はだれもがすぐわかるように計画されてできた生きた有機体がこの病院である」という考えが深く職員に浸透していることが背景にある。そして，事業ドメインとして「患者に高いスタンダードの治療をする事。看護婦の教育訓練。若い医師の学校卒業者の教育。病院のスタッフのチームワークを行う施設」と定義されていることが背景にあるためである。

ディスカッション

問題 1

聖路加国際病院が大学の附属施設になったことへのメリットについてあなたの考えを述べなさい。

問題 2

聖路加国際病院の特色についてあなたの考えを述べなさい。

問題 3

100年以上の歴史を有する聖路加国際病院は，今後どのように発展して行くのでしょうか？

聖路加国際病院のミッション，ドメインを念頭に置いたうえで，あなたの考えを述べなさい。

Ⅱ　高邦会・国際医療福祉大学グループ

1　高邦会・国際医療福祉大学グループ組織の発展

(1) 高邦会・国際医療福祉大学グループの概要

高邦会・国際医療福祉大学グループは1995年に開学した医療福祉専門職の養成とその地位向上を目指す日本初の高等教育機関である国際医療福祉大学・大学院を中核に複数の大学学部，専門学校，病院，診療所，介護福祉施設などを有するグループを形成している。附属病院（熱海病院，三田病院，塩谷病院）のほか，全室個室でホテル仕様の都市型病院モデルである山王病院（東京都港区）を始め，独自性に富む施設の展開に積極果敢に取り組んでいる。

高邦会・国際医療福祉大学グループの組織体制は福岡県に医療法人社団高邦会，社会福祉法人高邦福祉会，学校法人高木学園，栃木県には学校法人国際医療福祉大学，医療邦人社団平成記念会，社会福祉法人邦友会，東京都には医療法人順和会を擁しており，東京都港区には国際医療福祉大学東京事務所がある。その他，グループの関連企業として医療福祉情報のCSデジタル放送や調査・研究を手がける株式会社医療福祉総合研究所（東京都港区），医療資材の共同購入や施設・機器のメンテナンスを行う日本医療サービス株式会社（東京都港区），金融機関向けの医療福祉機関の経営審査や経営診断・経営コンサルティングを行う株式会社医療福祉運営機構を傘下に持つ点もユニークである(淺野 2006)。

高邦会・国際医療福祉大学グループは2016年現在，教育部門として1大学・5専門学校，医療施設として10病院・3診療所，医療福祉施設として17施設を擁しており，グループの施設は九州，栃木，東京，千葉，熱海に所在している。

●高邦会・国際医療福祉大学グループの施設一覧

教育部門（大学・専門学校）

<栃木地区>

学校法人国際医療福祉大学　国際医療福祉大学

学校法人国際医療福祉大学　国際医療福祉大学大学院

学校法人国際医療福祉大学　国際医療福祉大学塩谷看護専門学校

<千葉地区>

学校法人国際医療福祉大学　医学部

学校法人国際医療福祉大学　成田看護学部

学校法人国際医療福祉大学　成田保健医療学部

<小田原地区>

国際医療福祉大学　小田原保健医療学部

<九州地区>

学校法人国際医療福祉大学　福岡看護学部

学校法人国際医療福祉大学　福岡保健医療学部

学校法人高木学園　専門学校柳川リハビリテーション学院

学校法人高木学園　福岡国際医療福祉学院

学校法人高木学園　大川看護福祉専門学校

学校法人高木学園　アジア国際外語学院

医療部門（病院・クリニック）

<栃木地区>

学校法人国際医療福祉大学　国際医療福祉大学病院

学校法人国際医療福祉大学　国際医療福祉大学塩谷病院

学校法人国際医療福祉大学　国際医療福祉大学クリニック
言語聴覚センター　健康管理センター

＜東京地区＞
学校法人国際医療福祉大学　国際医療福祉大学三田病院
医療法人財団順和会　山王病院
医療法人財団順和会 山王バースセンター
医療法人財団順和会　山王メディカルセンター

＜千葉地区＞
公益財団法人化学療法研究会　化学療法研究所附属病院

＜熱海地区＞
学校法人国際医療福祉大学　国際医療福祉大学熱海病院

＜九州地区＞
医療法人社団高邦会　高木病院
医療法人社団高邦会　柳川リハビリテーション病院
医療法人社団高邦会　みずま高邦会病院
医療法人社団高邦会　福岡山王病院

医療福祉施設（老健・特養　他）
＜栃木地区＞
学校法人国際医療福祉大学　介護老人保健施設 マロニエ苑
学校法人国際医療福祉大学　にしなすの総合在宅ケアセンター
学校法人国際医療福祉大学　しおや総合在宅ケアセンター
社会福祉法人邦友会　特別養護老人ホーム 栃の実荘
社会福祉法人邦友会　国際医療福祉リハビリテーションセンター

医療型障害児入所施設，療養介護 なす療育園，障害者支援施設 サポートハウス那須
社会福祉法人邦友会　おおたわら総合在宅ケアセンター
社会福祉法人邦友会　特別養護老人ホーム　おおたわら風花苑
社会福祉法人邦友会　情緒障害児短期治療施設　那須こどもの家

＜東京地区＞
医療法人財団順和会　グループホーム青山
社会福祉法人邦友会　特別養護老人ホーム／障害者支援施設／認知症対応型 通所介護新宿けやき園

＜九州地区＞
医療法人社団高邦会　介護老人保健施設　水郷苑
医療法人社団高邦会　有明総合ケアセンター
医療法人社団高邦会　ケアサポートハウス大川
医療法人社団高邦会　総合ケアセンターももち
社会福祉法人高邦福祉会　柳川療育センター
社会福祉法人高邦福祉会　軽費老人ホーム　おおかわケアハウス

関連会社
株式会社　医療福祉総合研究所／医療福祉ｅチャンネル
文化交流施設　おおかわ交流プラザ

高邦会・国際医療福祉大学グループの高木邦格理事長は，「高邦会・国際医療福祉大学グループの特徴は，教育・医療・福祉の複合体であり，同大学は日本初の医療福祉の総合大学であり，保健・医療・福祉に総合的な視点から教育に取り組んでいます。同質で大規模なフランチャイズ展開をするのではなく，各施設一つひとつがそれぞれの特徴をもち，機能しています。同大学および大

学院の教育・研究を中核とし，こうした特徴ある9病院3診療所の医療機関と10施設もの福祉施設が連携を組むことで，あらゆる医療福祉ニーズに最高レベルで応える複合体を構成しています[1)]。」としており，同グループが教育・医療・福祉の複合体として，それぞれが特徴を持った施設として機能していることを述べている。

同グループの理念・ビジョンはグループ全体の共通の理念として掲げており，具体的には，「人間中心の」「国際性を目指し」「社会に開かれた」「共に生きる社会」を築くのが大学の理念であり，「生命の尊厳，生命の平等」が医療法人社団高邦会の理念である。そして同グループの戦略は，同質の施設の大規模展開である水平拡充展開ではなく，大学および大学院の教育・研究を中核に据え，病院，診療所，介護老人保健施設などを特徴に持った多様な各種施設が連携することにより将来の医療・福祉需要に適格かつ最高の水準で応えうる医療・福祉複合体を目指している（浅野 2006）。

20世紀の初めに九州の大川市にあった診療所を基点とする同グループが，21世紀の今日の組織に発展した過程を，高木病院三十年史と国際医療福祉大学十年史の記述により，病院組織の進化と発展モデルとして考察する。

高木病院三十年史には，高木邦格副理事長（現理事長）のご挨拶として「現在，高邦会は福岡県ばかりでなく，東京の山王病院，栃木県の老人保健施設マロニエ苑や国際医療福祉病院，さらに国際医療福祉大学など各地にまたがった関連施設と連携して発展してまいりました。30年かけて，日本の医療福祉分野でもユニークな道のりをたどり，ここまで大きなグループになったことは大変感慨深いものがあり，これからの発展のためにもこの30年誌が過去を顧みる良い機会となればと希望しています。」と記載がある[2)]。

（2）高木病院の組織発展

高邦会・国際医療福祉大学グループの起源は1910年に開設した高木眼科医院である。この診療所は高邦会・国際医療福祉大学グループの現理事長である高木邦格氏の祖父高木吉彦氏が開設したものである。当時の高木眼科医院は診療所とその裏にある自宅が渡り廊下でつながっていたと記載がある。その後，開設者の次男である高木維彦氏（高木邦格氏父親）が医院を引継ぐため1957年に熊本大学の医局から戻り，1962年に19床の高木外科医院を開設することになった。

①　高木外科医院（19床）（1962～1968）

1962年から1968年の高木外科医院は，診療科も外科のみの単一組織である。高木維彦院長を中心に外科分野の診療をしている小規模組織で，1人の医師が業務の命令・指示も人事もすべて行っており，医療技術職・看護職も数人いるだけである。

この当時は職住一体で，自宅の部屋を患者が使っていたことや，診療報酬の請求作業に冬であれば職員みんなで炬燵を囲み，夜を徹して作業をすることもあり，時には職員のために，やきそばをつくったこともあったと記載がある。

②　高木病院（47床～99床）（1968～1977）

1968年に診療所から1～2km程離れた場所に移転し高木病院を開設している。病床数47床で診療科目は胃腸科，外科の2診療科であった。この当時は院長夫妻も病院に泊まりこんだと記載がある。1969年には13床増床し60床

図7－11　高木病院の病床数・病棟数推移

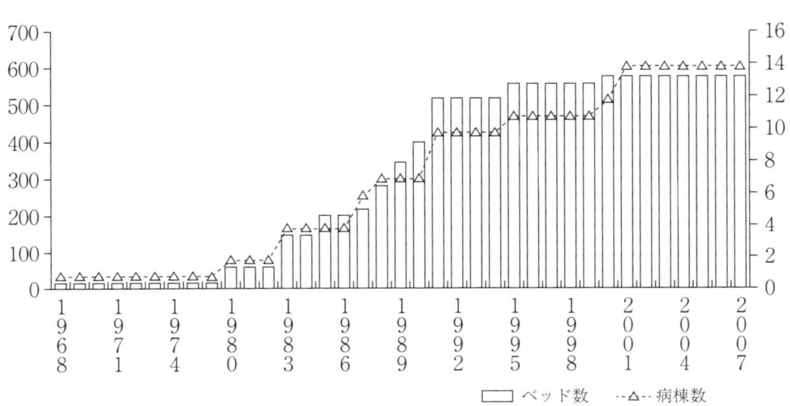

出所：『高木病院三十年史』p.274。

としている。

1971 年に内科，整形外科，麻酔科を増設している。診療科は胃腸科，外科，内科，整形外科，麻酔科の 5 診療科となる。

1972 年には大川建具工業団地内に診療所を開設，職場健康診断を開始する。その後隣接地の 1500 坪を買い取り，増設に備えている。

③　高木病院（99 床～ 300 床）（1978 ～ 1985）

1968 年から 1977 年の高木病院は個人病院の形態で，医師は診療科別に独立して診療科別の管理機構ができ上がり，コメディカルスタッフの機能も拡大して，看護部には，看護部長の下に看護師長以下の階層もできている。また事務組織の事務室から事務組織を拡充するため幾つかの課が設けられており，診療部門，看護，事務などの職種別の職能別組織に移行済みの段階である。診療科は皮膚科を増設し，腎センターを開設している。病棟数は 2 病棟から 7 病棟へと増加している。病床数は引き続き段階的に増やして行くとともに，クリニックの開設，運動療法室の開設，CT 装置設置，薬剤室増設などの診療機能の上昇が図られている。

1978 年に病床を 99 床としている。1980 年に新病棟を建築し，病床数 171 床となる。金融機関からの融資交渉は困難であり，資金調達の体制作りの大切さを痛感，東京事務所を開設し，東京で資金調達を行い，資金を九州に回すこととしたと記載がある。物品の購入も東京事務所で一元管理することとなった。

1981 年に博多区にクリニックを開設している。増床により 200 床となっている。1984 年に増床により 216 床となる。

1985 年に新病棟を建設するとともに，皮膚科の増設，透析を行う腎センターを開設し，地元の医大の教育関連病院の指定を受けている。病床数 300 床となっている。

④　高木病院（300 床～ 520 床）（1986 ～ 1989 年）

1986 年から 1989 年の高木病院は医療法人の形態で診療部門，看護，事務などの職種別の職能別組織である。病床数は引き続き段階的に増やしている。診療科は眼科，脳神経外科，産婦人科を増設するとともにリハビリセンターの拡張，作業療法室の開設など引き続き診療機能の上昇が図られている。病棟数は7病棟から10病棟に増えている。医師の診療科別の管理機構ができ上がり，コメディカルスタッフの機能も拡大して，看護部組織も拡充されている。事務部門のスタッフも増加している。

1986年に法人化で医療法人社団となり病床数を347床としている。1987年に眼科を開設，病床数を400床としている。

1988年には，脳神経外科，産婦人科を開設して433床に増床し，さらに新病棟を増設し520床となっている。

⑤　高木病院（520床～560床）（1990～1994）

1990年から1994年の高木病院の組織デザインは職能別組織から事業部制組織に移行する段階である。増床数は40床で増加ペースは緩やかになる。言語療法室の開設など診療機能の上昇が図られている。病棟数は10病棟から11病棟に増えている。医師の診療科別の管理機構，コメディカルスタッフの機能拡大，看護部組織も引き続き拡充されており，事務部門の機能拡充も図られている。

⑥　高木病院（560床～580床）（1995～）

1995年以降の高木病院は，急ピッチで多角化経営が行われ，事業部制組織となっている。さらに事業部制組織のなかにマトリックス組織も誕生している。このマトリックス組織は，経理，管理，人事の職能において，本部の指示を受けるとともに，各病院長の指示の下に置かれている。高木病院の増床数は20床であり増加ペースは鈍化している。診療科は脳疾患センターの開設，消化器内科，心療内科，リウマチ科，歯科口腔外科，耳鼻咽喉科，小児科の開設が行われるとともに，MRI，CTなどの導入など診療機能の充実が図られる。

高木維彦理事長兼院長から院長職は矢永院長に引継がれ，高木維彦理事長は経営に専念するようになっている。

1995年心療内科，脳疾患センターを開設している。1996年本館をオープン。

消化器内科，循環器センターをオープンする。1997年病床数を580床に増設している。耳鼻咽喉科開設。1998年小児科を再開設している。

(3) 多角化による発展

1989年に国際医療福祉大学設立構想委員会を発足し，大学設立の準備を始めている。

大学設立経緯について高木（2003）は[3]「栃木県には医療福祉の養成校がなかったため，医療福祉分野の大学とか養成校をつくりたいという要望が県からありました。当時の厚労省で，保健医療総合大学構想，いわゆる医師以外の専門職の方々の地位の向上が必要だという答申が出たのです。もともと国立でやるつもりであったが，大蔵省の認可が出ないということで厚生省の保健医療総合大学構想を栃木県に持っていって，その代わり栃木県とか地元の市から資金援助していただいては，いうことになりました。」と述べており，コメディカルスタッフの養成と地位向上目的で大学設立を目指したことがわかる。

チーム医療の発展には看護師や理学療法士を初めとする医療専門職の地位向上が不可欠との考えに至り，大谷藤朗博士（元厚生省医務局長）を学長に国際医療福祉大学を開学したとしている（浅野2006）。

1990年に関連施設である柳川リハビリテーション病院（240床）を開設している。この開設のきっかけは九州にリハビリテーション専門病院がないことを感じたためと記載がある。同年に柳川リハビリテーション学院（理学療法士，作業療法士養成専門学校），看護専門学校（看護師養成専門学校）を開校している。これは，コメディカル分野のスタッフ不足を痛感し，教育の必要性を感じたためであり，コメディカルスタッフの量と質を確保したことが，医療法人の発展に大きく寄与していると記載がある。

同年に栃木県に老人保健施設マロニエ苑（入所定員200人）を開設している。これは，栃木県の地元からの勧誘によるものであった。このマロニエ苑の開設が前述の国際医療大学開学のきっかけとなる。

1993年に老人保健施設「水郷苑」（入所定員100人）を開設している。

1994年に栃木県に特別養護老人ホーム「栃の実荘」（入所定員100人）を開設

している。

1995年に「国際医療福祉大学」を開学している。大学設立の目的について高木（2003）は[4)]「ひとつには真の意味でのチーム医療を実践するための，医師以外の専門職の地位向上です。ふたつには，福祉と医療の融合―介護保険は実施された時期で，これからはもう医療だけではとても立ち行かないということで，医療福祉学科をつくり医療知識を持つ社会福祉の専門家を育成することにありました」また高木病院三十年史には「日本ではじめての医療福祉の総合大学として，開学しました。この大学は医者以外の医療専門職を教育する高度で専門的な養成機関が，他国に比べて大変遅れていることから計画された保健医療総合大学構想に基づき設立されたものです」と記載がある。

これらの記述から，コメディカルスタッフの養成とコメディカルスタッフの地位向上と福祉と医療の融合が目的であったことがわかる。

1996年東京の「山王病院」（75床）の事業を承継している。高木（2003）は[5)]「多数の著名人が利用するが，たまたま銀行から，山王の経営が不振なので，ぜひ理事長に就任してほしいという話がありました，引き受けたからには日本でプライベート・ホスピタルとしてのユニークな病院をつくろうと決意してやったわけです」と述べている。経営不振の病院を銀行の仲介によって承継した経緯がわかる。

1996年「大川厚生病院」（現みずま高邦会病院）（66床）を開設している。

1998年「国際医療福祉病院」（206床）を開設している。

2000年「なす療育園」，「那須療護園」，「那須デイセンター」を開設している。

2002年「国際医療福祉大学熱海病院」（265床）を開設。これはもともと陸軍病院であった国立熱海病院を承継したものである。

2003年「福岡中央病院」（199床）を開設。

2005年「国際医療福祉大学三田病院」（291床）を開設。これは日本たばこ産業株式会社の東京専売病院を承継したものである。同年「化学療法研究所附属病院」（199床）がグループ入りしている。

このように，介護施設を開設し，学校や病院を開設あるいは承継によって多角化を進めている理由を，高木理事長は高木病院三十年史の中で以下のように述べている。学校設立については「病院経営の初期に直面した問題は，圧倒的な医師不足でした。その問題も少しずつ解決していくと，今度は看護師，理学療法士，作業療法士，放射線技師，薬剤師といったコ・メディカル分野のスタッフ不足が大きな課題となってきました。田舎の中小病院に遠くから就職してくれるようなスタッフがいないということで，思い切って自分の手で優秀なスタッフを育てようと考え，大川看護専門学校，柳川リハビリテーション学院を設立することにしました。」

また病院の開設については，「21 世紀の医療機関として存続するために，いくつかの医療の流れを考えますと，急性期と慢性期といった病院の機能分化が急務となってきていると思います。高木病院は急性期の医療機関として，柳川リハビリテーション病院は半ば福祉的側面をもつリハビリテーション専門病院として位置づけ，大川と柳川にまたがる整備と機能分化ができるかが今後の課題となります。」と記載がある。

さらに，高木病院のパンフレットには「柳川リハビリテーション病院，みずま高邦会病院，そして介護老人保健施設水郷苑とも連携をしながら，来るべき超高齢化社会を視野にいれた慢性期医療や療養型医療にも，より積極的に取り組んでまいりたいと思います」と記載があり，急性期医療を行う高木病院から回復期医療を行う柳川リハビリテーション病院，さらに慢性期医療を行うみずま高邦会病院，介護を行う介護老人保健施設への「川下への垂直統合」が図られていると見ることができる。

一方，大学付属病院を中心に広域に病院を承継・開設していることについて高木理事長は，「病院経営というのは大変ですから，大学経営で授業料をある程度確保できれば，附属病院などつくらないほうが経営的に安定だという意見が強くありました。いま，4,000 人近い学生が学んでおりますが，最大の問題は，質のいい教育を行うためには，やはり質のいい実習が必要ということです。（中略）私どもとしては，マサーチュセッツ・ゼネラル・ホスピタル・グループのような，大学を中心として 10 前後の質の高い医療機関の連合体がぶら下がっているような，そのようなものを目指しているところです。」と述べており，国際医療福祉大学を中心とした医療機関のグループによる多角化を目指していることを述べている[6)]。

また高木理事長は他の取材で[7)]，全国に病院チェーンをつくるという考えはないかに対して，「それは無理だしもともと興味がない。規模を拡大させて荒っぽい経営をすると医療の質が低下し，その結果収益も減るだろう。われわれは同質で大規模なフランチャイズ展開ではなく，米MGHグループ（マサーチューセッツ ゼネラルホスピタルグループ）のような，大学の教育・研究を中核として，質の高い医療機関がぶら下がりながら連携することで，あらゆる医療福祉のニーズに最高のレベルで応えられるグループを目指している。」と述べている。

さらに年々拡大することについて，高木病院三十年史で「年々事業が拡大してきたためにどうしても日々の業務に追われがちですが，業務のマニュアル化，人事研修などが疎かになってはグループの今後の発展はありません。」と述べている。

(4) 国際医療福祉大学のこれから

2016年4月に千葉県成田市に「成田看護学部／看護学科」「成田保健医療学部／理学療法学科・作業療法学科・言語聴覚学科・医学検査学科」を開設している。

そして，2017年4月に国家戦略特別区域として医学部新設が予定している。

さらに2018年4月に東京青山キャンパスが旧赤坂小学校跡地に移転し，キャンパスの規模も現在の4倍に拡大する予定である。

ディスカッション

問題1

高邦会・国際医療福祉大学グループの特色についてあなたの考えを述べなさい。

問題２

高木病院は，どのようにして規模の拡大を図って行ったのかについてあなたの考えを述べなさい。

問題３

高邦会・国際医療福祉大学グループの多角化が進展した理由についてあなたの考えを，組織理論を踏まえて論じてください。

【注】

1）木村廣道監修（2006）『変身を加速する医療ビジネス再編のリーダーたち』かんき出版.
2）『高木病院三十年史』.
3）日野原重明・高木邦格（2003）『よみがえれ，日本の医療』中央公論新社.
4）日野原重明・高木邦格（2003）『よみがえれ，日本の医療』中央公論新社.
5）日野原重明・高木邦格（2003）『よみがえれ，日本の医療』中央公論新社.
6）日野原重明・高木邦格（2003）『よみがえれ，日本の医療』中央公論新社.
7）週刊東洋経済「大手病院グループ経営者が激白」2006.10.28.

参考文献

Daft, R. L.（2001）Essential of Organization Theory & Design, 2nd Edition, South-Western College Publishing（高木晴夫訳（2005）『組織の経営学』ダイヤモンド社）.

浅野信久（2006）「M＆Aで加速する病医院チェーンの戦略研究」『医療経営白書 2006 年版』日本医療企画.

石田英夫・星野裕志・大久保隆弘（2007）『ケースメソッド入門』慶應義塾大学出版.

医療経営白書編集委員会編集（2001）『医療経営白書 2001 年版』日本医療企画.

医療法人社団高邦会編『高木病院 30 年史』.

大久保隆弘（2006）『リーダーは 95 歳』ダイヤモンド社.

学校法人国際医療福祉大学編『国際医療福祉大学 10 年史』.

木村廣道監修（2006）『変身を加速する医療ビジネス再編のリーダーたち』かんき出版.

桑田耕太郎・田尾雅夫（2007）『組織論』有斐閣.

聖路加国際病院八十年史編纂委員（1982）『聖路加国際病院八十年史』聖路加国際病院.

聖路加国際病院100年史編纂委員会（2002）『聖路加国際病院100年史』聖路加国際病院.

中島明彦（2007）『ヘルスケアマネジメント』同友館.

羽田明浩（2009）「病院組織の発展段階モデルの検証―聖路加国際病院の事例研究」『ビジネスクリエーター研究』Vol.1, pp51-66.

バーンズ, L. B., クリステンセン, C. R., ハンセン, A. J.（1994）, 高木晴夫訳（2010）『ケースメソッド教授法』ダイヤモンド社.

日野原重明（2002）『死をどう生きたか』中央公論新社.

日野原重明・高木邦格（2003）『よみがえれ, 日本の医療』中央公論新社.

立教大学立教学院史資料センター編集（2007）『立教大学の歴史』.

索　引　INDEX

ラ

ワ

《著者紹介》

羽田明浩（はねだ・あきひろ）

1962年生まれ。
1986年　立教大学経済学部卒業。
2013年　同大学院博士後期課程修了。三井住友銀行勤務を経て，
現　在　国際医療福祉大学院准教授。
博士（経営学）立教大学。

主要著書

羽田明浩『競争戦略論から見た日本の病院』創成社，2015年。
羽田明浩「企業価値向上ツールとしてのバランスト・スコアガード」亀川雅人編『企業価値創造の経営』学文社，2007年。
羽田明浩「医療機関の資金調達手法の比較」亀川雅人編『医療と企業経営』学文社，2007年。

（検印省略）

2017年3月20日　初版発行　　　　略称 — ヘルスケア

ナースのためのヘルスケアMBA

著　者　羽　田　明　浩
発行者　塚　田　尚　寛

発行所　東京都文京区　株式会社　創　成　社
春日2-13-1
電　話03（3868）3867　FAX03（5802）6802
出版部03（3868）3857　FAX03（5802）6801
http://www.books-sosei.com　振替00150-9-191261

定価はカバーに表示してあります。

ISBN978-4-7944-2497-6 C3034
Printed in Japan
組版：トミ・アート　印刷：エーヴィス・システムズ
製本：宮製本所
落丁・乱丁本はお取り替えいたします。